西山历史文化丛书

西山古今善行义举录

苏州吴中区金庭镇历史文化研究会 编著

苏州大学出版社

图书在版编目（CIP）数据

西山古今善行义举录/苏州吴中区金庭镇历史文化研究会编著. — 苏州：苏州大学出版社，2021.12
（西山历史文化丛书）
ISBN 978-7-5672-3750-6

Ⅰ.①西… Ⅱ.①苏… Ⅲ.①慈善事业—历史—苏州 Ⅳ.①D632.1

中国版本图书馆CIP数据核字(2021)第217762号

XISHAN GUJIN SHANXING YIJULU
西 山 古 今 善 行 义 举 录

编　　著：	苏州吴中区金庭镇历史文化研究会
责任编辑：	倪浩文
出版发行：	苏州大学出版社
社　　址：	苏州市十梓街1号
邮　　编：	215006
网　　址：	http://www.sudapress.com
邮　　箱：	sdcbs@suda.edu.cn
印　　刷：	苏州市深广印刷有限公司
开　　本：	880 mm × 1 230 mm　1/32
印　　张：	4.75
字　　数：	102千
版　　次：	2021年12月第1版
印　　次：	2021年12月第1次印刷
书　　号：	ISBN 978-7-5672-3750-6
定　　价：	50.00元

若有印装错误，本社负责调换
苏州大学出版社营销部　电话：0512-67481020

◎ 编 委 会

主　编　金培德
副主编　邹永明
编　委　金培德　邹永明　秦伟平
　　　　莫同兴　李兆良　蒋建法
　　　　吴国良　张　成　黄永良
　　　　陈炳华

◎ 序

善行义举，是中国传统美德之一，是中华优秀文化的精髓所在。

西山是个古老而淳朴的地方，亦是个耕读重教的历史文化名镇。唐朝包山寺内的大云堂、宋代林屋洞旁的林屋书院，都是西山人读书受教的好学堂之一。而这些学堂的创设，都是当地贤达所为。清代，横山人罗焕章出资在西山创办11所求忠小学堂，开启了西山新式教育，造福了一代代西山后裔。

西山是个岛屿，岛内港湾交叉，河流纵横。村与村、里与里、湾与湾之间，桥、路、亭、码头，如西山闪亮的珍珠项链。而这些"项链珠子"，大多是大族中有贤德者倡导集资所为。清代，后埠人费荣出资1.36万两白银，用花岗石修筑镇村之间的大道，长达数千余米，被西山百姓誉为"大善人"。

孝行，是西山人最耀眼的品德。如后埠的费孝子牌坊、甪里的南星桥、后堡的永安桥等等，无一不是孝行的结晶。

这些善行义举、至孝故事，至今还记载在大族们的家谱中，流淌在西山人的血液里，并且影响着一代代的西山后裔们。当今社会，西山不仅诞生了"吴中好人"，还诞生了"江苏好人""中国好人"。敬老、助困、修路等善行义举，依然一代代地传承着，如双塔头村口堵玉明所建显庆公益茶亭、宋建兴出资修筑劳家桥山道等。这是西山传统文化血脉延续的结果。

中华文化强调"民惟邦本""天人合一""和而不同"；"大道之行也，天下为公"；"天下兴亡，匹夫有责"；"德不孤，必有邻"；"仁者爱人"；"与人为善"；"出入相友，守望相助"；"老吾老以及人之老，幼吾幼以及人之幼"；等等。

金庭镇历史文化研究会本着传承中华优秀义化、挖掘西山文化历史、弘扬社会正能量的宗旨，响应习总书记关于继承弘扬中国优秀传统文化的号召，挖掘整理了从古至今发生在西山土地上的一些善行义举。这是一件大好事，也是一件大善事，值得称道与大力支持。这对于我们怀念先辈、教育后裔，传承优秀的中华文化，努力建设好西山这座生态大岛，有着深远的历史意义和现实意义。

是为序。

金培德

2021.10

目 录

第一辑　办校助学

- 马国珍创办林屋书院　　/ 2
- 罗焕章创办求忠小学堂　　/ 3
- 蔡来信致富回乡办私塾　　/ 5
- 蔡勉旃捐资造文星楼　　/ 7
- 秦蔡四福捐造文炯幼儿园　　/ 9
- 张剑魂设立西山中学"剑魂奖学基金"　　/ 10
- 丁伟国设立西山中学"唐人数码奖励基金"　　/ 12
- 陈建设立西山中心小学"苏州优尔创意教育奖励基金"　　/ 15
- 金庭镇设立爱心教育基金　　/ 16

第二辑　造桥筑路

- 和尚慧瓒等捐造永寿桥　　/ 18
- 大圣堂慧圆等募捐造永丰桥　　/ 19
- 徐尚震首倡集资筑琴山石堤　　/ 20
- 张炳南等人义捐修筑夏泾路　　/ 22
- 徐锦堂遗命建燕喜亭　　/ 24

- ◎ 大慈庵老尼明悟募捐造茶亭 / 25
- ◎ 王元美义建天王寺山门、茶亭 / 27
- ◎ 徐舜音、徐圣坤重修玉虹桥 / 28
- ◎ 徐氏众人捐造永泰桥 / 30
- ◎ 费荣耗巨资筑乡间大道 / 31
- ◎ 徐纫芳、钱燮庭等捐修东村田路 / 33
- ◎ 蒋承诏三兄弟义捐造永安桥 / 40
- ◎ 金铎老太纺纱节食造积寿桥 / 41
- ◎ 费怀橘筑堤捐米惠乡人 / 43
- ◎ 热心公益的吴阆仙 / 44
- ◎ 东蔡蔡璞斋首倡义田 / 45
- ◎ 曹泰僖兄弟为母祝寿建南星桥 / 46
- ◎ 蔡秋荣捐资修筑金家岭山道 / 48
- ◎ 善人金善法 / 50
- ◎ 邹兴林义造风雨亭 / 51
- ◎ 众人解囊捐资建太湖大桥 / 54

第三辑　赈灾助人

- ◎ 王理善举不为官 / 58
- ◎ 王有贞赈灾修路 / 59
- ◎ 秦世锜赈灾助人 / 61
- ◎ 蔡世旋德服乡人 / 62
- ◎ 黄仲康开港赈灾济乡人 / 63
- ◎ 劳士英赈灾救里人 / 64

- 金弘毅率民抗湖匪 / 65
- 僧人瑞旭倾尽积蓄赈灾民 / 66
- 徐尚益倾囊助同乡 / 67
- 金铖纳税抗倭助乡民 / 68
- 暴式昭义捐继善堂 / 69
- 陆钬发粟赈灾民 / 71
- 法华寺慧峰医助贫苦人 / 73
- 秦允善捐粮赈里人 / 74
- 秦用中建祠赈灾民 / 76

第四辑　忠义爱国

- 宋马廷瑞为民抗橘税执言上陈 / 78
- 罗本清济贼救人 / 79
- 费孝子孝行获嘉庆帝褒奖 / 81
- 葛巨公不惜生命归友银子 / 83
- 暴式昭兴利除弊保古迹 / 84
- 闻达和尚不畏艰险保护古籍 / 88
- 用里周氏后裔义植松树 / 91
- 葛以位镇夏设留婴堂 / 92
- 学校募捐声援"五卅"爱国运动 / 93
- 费延珍捐款援抗战 / 94
- 徐雨亭妻张氏义捐墓地 / 96
- 用里状元楼的传说 / 97

◎ 遂志堂里的传说　　　　　　　　　　　　　　　/ 99

第五辑　金庭新风

◎ 中国好人——唐米琴、邱以峰、姚哲源　　　　/ 102
◎ 江苏好人——谢子龙　　　　　　　　　　　　/ 105
◎ 金融卫士——徐也　　　　　　　　　　　　　/ 108
◎ 西山首位遗体捐献者——诸戍荣　　　　　　　/ 110
◎ 献血达人——诸雄巍　　　　　　　　　　　　/ 111
◎ 捐献造血干细胞的宋凯轩　　　　　　　　　　/ 118
◎ 陆付林默默关怀战友父母四十载　　　　　　　/ 121
◎ 费凤图义捐图书　　　　　　　　　　　　　　/ 124
◎ 黄跃军全家十七年侍母无怨无悔　　　　　　　/ 125
◎ 徐明刚等慷慨解囊支援疫情防控　　　　　　　/ 129

◎ 附录：西山大族家训　　　　　　　　　　　　/ 130

编后记　　　　　　　　　　　　　　　　　　/ 139

第一辑

办校助学

马国珍创办林屋书院

马国珍像

马国珍（1188—1251），字均石，宋代理学家，西山洞山下人。马国珍师从理学大家陈淳。三年学成，回归故里，在林屋洞前洞山下创办林屋书院，传授理学之道。宋隐士俞琰有《宋静逸处士马国珍传》云："年二十一悠然有求道之志，闻龙溪陈北溪先生淳得考亭正传，遂往受业。北溪一见，深加器重，尽教以古圣贤为学之要。处士笃信师说，耳聆心追，精进靡懈，居三年辞归，聚徒讲学，一遵白鹿洞条规。"南宋理宗崇奉理学，于绍定元年（1228）正月诏征天下理学名家，马国珍应征赴临安。二月初，召见于集英殿，深受理宗赞赏。但国珍与宰相史弥远不合，不愿为官，乞归故里。理宗知其不可夺志，遂放归山林，诏书曰："儒人马国珍，禀性刚明，持身雅正，读书学道，志操轶于古人。乐善安闲简静，宜为君子，不为禄仕，安分山林，可号静逸处士。"马国珍开办林屋书院，俊髦满堂，弦歌四彻，对后续西山形成淳朴民风产生较大影响。

资料来源：马世钧等《洞庭林屋马氏宗谱》

罗焕章创办求忠小学堂

《横山罗氏支谱》中关于罗焕章的记载

    罗焕章（1869—1947），名饴，字焕章，号甘尝，横山人。罗焕章是西山著名实业家、教育家。曾任大清天津银行总办。清朝被推翻后，他回到家乡，办起了实业。西山原来只有少数私塾，无新式学堂。自1914年起，罗焕章捐资先后在西山创办11所小学，分别在东村、横山、植里、东宅河、镇夏、甪里、东蔡、涵村、堂里、鹿村和后埠。校名为"求忠学堂"，实行新法教学，使大多数儿童都能读书识字。1933年4月他在《植树节》诗中写道："今日植人兼植树，他年都是栋梁材。甘棠德政留桑梓，得意春风次第来。"

资料来源：《横山罗氏支谱》等

求忠小學堂義

盡己之為忠,無而思有曰求小學堂者,所以教幼童也,欲思幼童開知識,先求教員能盡己,聿多數之幼童,聚於一堂,為教員者,其有思乎揖讓進退,思所以秩之言語喧嘩,思所以靜之,孝悌忠信,思淺近以悟之,扞格不入者,思何法以啟之,書文算數,思何道以發之,若此則聰穎者必學與年進,愚鈍者亦漸開知識,能如是為教,可謂勤於業而忠於事矣,然求忠勤之教員不易,學識淺陋者,資格不及,文理通順者,半多習氣好高者止講乎形式,計餉口者,惟期乎了事,方今為教員者皆計餉口者也,能期了事,俾學生能講能默能寫能算,斯亦已矣,西山固陋久矣,安得忠勤通學之教員,教育多材,一開文明風氣,庶克盡己之道歟、

蔡来信致富回乡办私塾

　　蔡来信，字成之，号鹤峰，清代西蔡里人。他家境贫困，从小失去了父母。但他人穷志不穷，带着微薄的资本，开始经商。他克勤克俭，节衣缩食，"遂以致富"。致富后，他轻财重义，看到家乡的孩子没有书读，就延请教师，建立私塾学校，让贫困爱学习的孩子能读书。有一年，家乡大旱，颗粒无收，他出资买米粮，救济灾民，许多人得以存活。他还出资在胥口、木渎两处地方造桥，方便行人。又在自己产业上为贫苦人家安置墓地，使那些亲人无力买地安葬的死难者得以安息。他还为家乡铺路架桥。由于其一生坚持做善事，被世人称为有声誉有美德的君子，且以高寿而终。他的儿子蔡震宇也为人敦厚慈孝，力行善事，深得家风。

资料来源：王维德《林屋民风》

蔡维宁，字以宁，弱冠入长安，工部尚书柳佐一见奇之，遂定交。时柳方董役庆陵，维宁实佐经画，以劳例授官。不拜。会逆瑭妻流缙绅，柳欲上疏发其奸，病不能起。泣语维宁，维宁奋笔代草，烈烈数千言，疏就，柳已病革。其家人窃焚之，维宁忠愤不得抒，恸哭出都门，赋诗以见志。瑭诛，维宁踊跃之，临清拜告柳墓道，病而返，竟卒，年三十一。先是山中挖煤为害，维宁倡同志作挖煤辨，上当事得禁止。维宁好为诗，殁后，其友王倪金俊明辑其遗诗，名曰《秋陵独响》。

本朝蔡来信，字成之，号鹤峰，西蔡里人，景东先生之子

《林屋民风》中关于蔡来信的记载

蔡勉旃捐资造文星楼

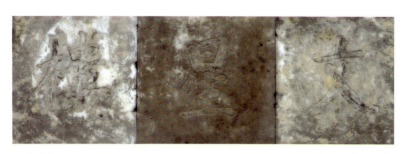

文星楼字额

蔡勉旃，清代东蔡人。因其常做善事，被称"善人"。他看到家乡缺少读书的地方，就将祖产捐献出来造了一栋楼屋，起名"文星楼"。意在"俾吾里之秀民敬业乐群，相率以儒术……"文星楼数月落成，"飞檐画栋，矗云耸汉，碧窗朱栱，彤彩鸿纷"，十分气派。村里开始有了琅琅的读书声。民国时期，文星楼为东蔡小学校舍，人称文昌阁，直至合并为缥缈小学。村上七八十岁的老人都在那儿学习过，留下了深刻的记忆。礼部侍郎王鸣盛曾撰《文星楼记》。

资料来源：王鸣盛《文星楼记》

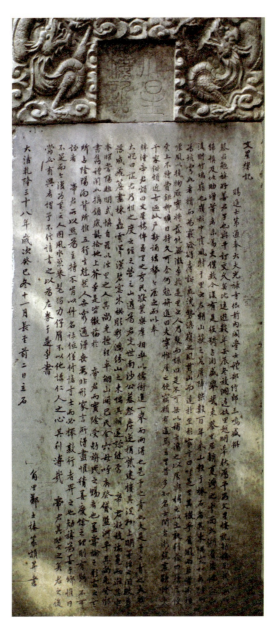

文星楼记碑

秦蔡四福捐造文炯幼儿园

秦蔡四福（1905—2007），西蔡里人。1996年5月，秦蔡四福女士回乡探亲，见设在其老宅里的村幼儿园房屋破旧、设备简陋，十分心痛。在相关人士的牵线下，当年10月，她捐出祖屋并出资30余万元人民币重新翻建了幼儿园，为村幼儿园提供了良好的学习条件。幼儿园建成后，为表彰其关心教育事业的高尚情操，西山镇人民政府将该幼儿园命名为"文炯（四福女士先生的名字）幼儿园"。在后续的改善办学条件中，秦蔡四福女士及其子女又陆续给予了大力支持，义捐资金约20万元人民币。

文炯幼儿园建园记

张剑魂设立西山中学"剑魂奖学基金"

张剑魂

张剑魂(1925—2021),东河社区人。旅居在外。1995年回到西山,住前堡外甥女家。1996年,在西山中学设立"剑魂奖学基金"。首次捐赠人民币4.42万元。1998年,又捐资5万余元。所设基金为10万元人民币。除了设立基金外,张先生还捐赠给西山中学钢琴1架、电视机15台、铜管乐器1套。

附:剑魂奖学基金会章程

第一条 本会定名为"剑魂奖学金基金会"。

第二条 本会是由西山镇张剑魂先生为支持家乡文化教育事业,培养优秀人才而设立的个人奖学基金会。

第三条 本会的宗旨是奖励优秀学生,激励家乡学子刻苦勤学,奋发向上,推进家乡文化教育事业的发展。

第四条 本会设有奖学基金评委会:由张剑魂先生、西山镇党委政府分管领导、学校校长若干人组成。西山镇分管领导担任会长。

第五条　评委会主要职责：

1. 审定奖励的学生名单；

2. 发放奖学金；

3. 审核本会经费收支情况。

第六条　奖励范围和时间：奖励西山镇3个初中部和1个高中部在中考中获前6名和高考中获前3名的9名西山籍优秀应届毕业生。奖金发放时间为每年的8月份。

第七条　经费由张剑魂先生一次捐资44 200元人民币（1998年增扩至10万元），存入银行的独立账户，每年的利息用以支付奖学金。

第八条　本章程自1996年1月10日起生效。

1996年1月10日

丁伟国设立西山中学"唐人数码奖励基金"

丁伟国,元山村人。2009年,在西山中学设立"唐人数码奖励基金"。至2018年,共计捐资150万元,为西山中学的教育事业发展做出了贡献。

附:西山中学唐人数码奖励基金会章程

第一章　总　则

第一条　为充分发挥奖励基金会作用,规范基金会活动,管好、用好基金会经费,特制定本章程。

第二条　奖励基金会基金来源:本校校友、苏州唐人数码科技有限公司董事长丁伟国先生捐助,每年捐助款人民币15万元左右。

第三条　基金会宗旨:激励师生弘扬西山中学美德,积极进取、勇于创新,不断开创西山中学教育新天地。

第四条　基金用于奖励西山中学在校生中品学兼优的学生;热爱文学、有良好文学素养和创作能力的学生;家庭困难、百折不挠、勤学进取的学生。奖励西山中学教师中爱岗敬业、乐于奉献,在教书育人中取得突出成绩的教师。(实施方案另定。)

第二章　基金的管理组织

第五条　设立西山中学唐人奖励基金理事会,并于每年年初召开基金理事会会议,研讨西山中学教育问题,落实年度基金奖励和帮困助学方案。

第六条　基金理事会设理事长一名，副理事长两名，秘书长一名，副秘书长若干名。

具体由下列成员组成：

理事长：苏州唐人数码科技有限公司董事长丁伟国先生。

副理事长：苏州唐人数码科技有限公司副总经理缪宏杰，金庭镇现任分管教育领导王丽琴。

秘书长：西山中学现任校长严培林。

副秘书长：西山中学现任副校长严永敏、秦伟平、沈米荣。

第七条　理事会职责：确定受益对象；商议秘书长提出的奖励和帮困助学方案；研讨西山中学教育及教育发展大计。

第八条　秘书长职责：基金理事会的日常事务和经费管理；召集基金理事会议；确定帮困助学对象；确定获奖人员初步的入选方案；组织颁奖活动。

第三章　基金的使用原则

第九条　每年人民币 10 万元左右，由基金理事会决定帮困助学和颁奖。

第十条　奖励和帮困助学范围：

奖励范围：

① 励志成才奖　品学兼优的学生。

② 西中文学奖　热爱文学、有良好文学素养和创作能力的学生。

③ 西中育人奖　贯彻素质教育，育人成果突出、师德事迹感人、具有独特人格魅力的优秀班主任。

帮困助学范围：低保家庭和因特殊变故而引起家庭经济困难的学生。

奖励时间从当年的9月1日至次年的8月31日。

第十一条　帮困助学和颁奖时间及地点：每年暑假或教师节，在西山中学颁奖。

第十二条　基金其余经费用于相关的教育活动经费，或结转下年度基金。

第十三条　本条例的解释权属于基金理事会。

西山中学唐人数码奖励基金理事会

2009年6月13日

▍陈建设立西山中心小学"苏州优尔创意教育奖励基金"

苏州优尔创意教育奖励基金由苏州优尔食品有限公司于2010年设立。该公司董事长陈建,吴中区浦庄人。2003年,他来到西山创建优尔食品有限公司,获得成功。为了回报社会,他决定在西山中心小学设立"苏州优尔创意教育奖励基金"。让孩子们明白:财富来自社会,致富后应回馈社会。基金基数为2万元人民币。陈建义捐基金累计总数12万元。

另有西山手套厂厂长马如宏赞助3万元,苏州大如意圣境创始人王玉娴赞助10万元,注入奖励基金。

资料来源:西山中心小学

金庭镇设立爱心教育基金

基金由金庭商人丁伟国、沈志刚、徐明刚、马如宏、蒋维、马国强、闵正兴、徐月亮、戚立强等人于2012年捐助设立，计150万元人民币。用途为二：其一，用于扶持金庭籍贫困家庭学生的生活和学习；其二，用于奖励金庭籍在校生中品行端正、百折不挠、勤学进取、成绩优异的学生。

2012年12月—2021年11月，基金发放总额为85.94万元，奖励和捐助了4 100名学生。

资料来源：金庭镇社会事业办公室

第二辑

造桥筑路

和尚慧瓒等捐造永寿桥

永寿桥碑

秉汇村葛家坞上方寺山前有一从野坞山内流出的溪涧,溪涧上架有一顶单孔拱桥,名"永寿桥"。桥为明代成化十六年(1480)三月,由上方寺内慧瓒和尚及信女信男等捐资所建。其桥下有碑文。全文如下:

"成化十六年岁次庚子三月十一日,本寺住山比丘慧瓒回施长财,命工建造永寿桥一座。伏承信女人秦氏妙清、王氏妙荣、信人吴祖保,各舍银五钱。信女人黄氏妙清、吴氏妙真,各舍银壹两。所冀现生福基永固,来世种智圆明者。石匠徐华远。"

资料来源:永寿桥下碑文

大圣堂慧圆等募捐造永丰桥

　　夏泾与张家湾交界处有一座大圣堂，东湾、西湾、涵村等地附近居民前往烧香要经过植里港湾上的一座桥，里人称为砖桥头。砖桥头由青砖架成。相传为村里一姑太纺纱节食捐造。桥年深日久，至康熙朝，已经倾圮。百姓进出十分危险。大圣堂内的和尚慧圆等决定捐资重建。因资金不足，他遂向香客居士们等募捐。康熙四十一年（1702），在村人等齐心合力下，桥移至环村泾水之东百米处，即今夏泾村村口。至六月份终于造成，起名永丰桥，意为祈求年年丰收，并在桥中设一如意图案，祝福村民出入事事如意。桥下有碑记云："大清康熙四十一年岁次壬午又六月吉日，大圣堂头陀慧圆募众生……重建……"

资料来源：永丰桥下碑文及夏泾老人口述

植里永丰桥

徐尚震首倡集资筑琴山石堤

徐尚震(1704—1772),字元亨,清代堂里人氏。他经商于湖南长沙一带。父母健在时,年年回家探望,与家人族亲相聚。太湖浩荡,西山浸入其中。每逢大风,巨浪拍天。湖滨诸港每年会受到洪波的冲击,时间久了,泥沙淤塞港口,使船只难以返回其内。堂里北濒太湖,更加严重。徐尚震看到这种情况,十分担忧,认为应该筑堤以防水波冲击才能解决这个根本问题。遂首倡集资,族人纷纷

琴山石堤

响应。于是在湖湾处规划设计,西面起于琴山,东面到港口,横截湖中,高筑大堤。大堤始于乾隆癸巳(1773)秋九月,翌年(1774)二月竣工。从此,湖滨之船遇到大风迅速地驶入港口之内,保证了安全。赐进士出身、工部侍郎、前内阁学士董诰撰文赞曰:"徐氏诸君子不吝一族之财,而拯千万人之覆溺。不苟为一时之计,而屏千万世之水患。功德孰大于是!《易》曰:'积善之家,必有余庆。'自今以后徐氏之族所以日新月盛久而靡炽者,即可于是决之矣。"

资料来源:徐秉渊等《徐氏家乘外编》

张炳南等人义捐修筑夏泾路

张炳南（生卒年不详），清代张家湾人。

夏泾到东湾，中间为田块和港湾，以前是泥路，每每遇到下雨，道路泥泞不堪，不利于村人的进出。清道光十四年（1834），在外地经商的张炳南、张明德、张鸣岐、钱燮庭等人看到这个情况，就倡导募捐，将泥路改为石路。并在道路的南面造了一只亭子，名曰"环翠"，以供人们歇息。事迹出自碑文。扼要摘录如下：

"我山自夏泾至东湾，中隔田路六十余丈，为南北冲要，倾圮已久，雨雪泥泞，每不便于行旅。张君明德、鸣岐、钱君燮庭向有改筑石堤之意，因家居日暂未及举行。兹张君哲嗣炳南身任其事，敦劝同志共襄义举，且慨捐己资，为众善创。由是筑土累石，改崎岖而为平坦，并于路南建一亭，颜曰'环翠'，为往来憩息之所。经始于道光甲午年三月，越两月而告成。继自今行者无颠蹶之虞，即遇骤雨骄阳亦复得所荫庇。何为善，若是之周欤？……大清道光十四年岁次甲午夏五月望日，梅里费荣撰并书，费文凤篆额。"

资料来源：东村碑文

夏泾修路碑（局部）

徐锦堂遗命建燕喜亭

徐锦堂（生卒年不详），清代堂里人。

缥缈峰之左称弹子岭，前通消夏湾，后通堂里，昔年为南北往来要道。其间，山峦起伏，绵延数里，无房屋林木。行人中途若遇风雨雷电，难以躲避。徐锦堂是堂里一位出名的义士，想在这条通道中建造一只亭子，但年迈体衰，无力为之，临死前嘱咐儿子一定要完成其心愿。儿子徐觐宸于乾隆己丑（1769）秋九月，为其八旬老母庆祝寿诞，决定一举两得，既完成父亲遗命，又行善事为母添寿。于是在这年的八月动工，三个月后，亭子建成，取名"燕喜"。"燕喜"取自《诗经·鲁颂》"鲁侯燕喜，令妻寿母"之句，意谓此亭乃设喜宴为母亲庆寿而建。

资料来源：徐秉渊等《徐氏家乘外编》

大慈庵老尼明悟募捐造茶亭

在梅益村双塔头村落双井旁，有一茶亭。茶亭坐落在昔年双塔头的主要通道间。虽然今天已无人将这里作为歇息之所，但它作为历史的见证，依然留下深刻的印记。在茶亭间，有一块碑记载着建造茶亭的缘由。当年亭上有一联："四大皆空，坐片刻何分彼此？两头是路，吃一盏各自东西。"

碑文敬录如下：

包山双塔大慈庵建造茶亭记

青林许道人撰并书

洞庭古称仙佛之境，原非通衢可比，往来不过居民耕种樵采。每当炎天烈日，荷担负重者俱多汗流颊背，喉舌烟生，既无息影停肩之处，徒作望梅止渴之想。何况卒风暴雨，迅雷掣电，又岂能免乎非时之难也！乃有大慈庵老尼明悟愿力弘深，苦口栉□，击梆无分晓夜，

包山双塔大慈庵建造茶亭记碑

古双塔茶亭图

募叩几经寒暑,建造茶亭于双塔之傍。三年而后有成。冬施汤,夏施茶,普劝善人同喜舍。渴者饮,疲者息。咄哉!男子莫迟疑,此处无非化城,前路应通宝所。今则行满功圆,将勒石流芳于永远,庶几因果不昧,善根增长。伏愿十方檀那,善男信女,人人舍欢喜之财,个个获如意之福,随心满愿,功不唐捐。

大清康熙岁次丙戌四十五年(1706)桂月吉旦,募叩沙弥尼明悟暨同众善姓立。

资料来源:双塔头茶亭碑文

王元美义建天王寺山门、茶亭

《林屋民风》中关于王元美的记载

王元美（生卒年不详），清代西山人。王元美为人急公好义，乐于助人，每当村人遇到危急困难之事，他就慷慨解囊，帮助解决。得到他恩惠的有数百人之多。他曾义建天王寺山门，在罗汉寺和夹墩隒两处地方义建茶亭，冬夏时节在亭内施舍茶水，使来往于山间的客商及走亲访友的路人歇歇脚，避避风雨和酷暑。

《林屋民风》这样记载："王元美，性好施与，专趋人之急，所感德以百数。建天王寺山门，罗汉寺前、夹墩界两处茶亭，冬夏即其内施汤水，行人便之，至今蒙其惠。"

资料来源：王维德《林屋民风》

徐舜音、徐圣坤重修玉虹桥

徐舜音、徐圣坤（生卒年均不详），清代堂里人。

堂里村北有桥，名玉虹桥，俗名鸭蛋桥。为大族徐氏所建。始建年代已经无法考证。由于年代久远，至清代时玉虹桥已濒临倾圮。徐氏后裔舜音、圣坤两人看在眼里，痛在心里。他们想先祖们造桥，福泽乡里，不能让它倒在后辈的手里。于是，慷慨解囊，自掏腰包，将桥更新修缮。动工于乾隆二十五年（1760）冬十二月，至明年（1761）秋九月竣工，共费银六百多，用工1 300多个。新造好的桥，"如龙之卧波，虹之映水，鹊之迎秋"，远可仰簇簇青山，近可俯悠悠绿水。"于桥的左右又筑亭焉，羽然相对，其一甚华，其一甚敞。使路上行人无风雨之虞，有居停之所。"今玉虹桥亭虽已无，但徐氏兄弟的义举，仍在民间流传。

资料来源：徐秉渊等《徐氏家乘外编》

▶ 玉虹桥

徐氏众人捐造永泰桥

徐胜文（生卒年不详），明代东村人。

永泰桥位于东村东港，拱形，青石制，建于明代景泰二年辛未（1451），为里人徐氏众人捐造。桥下有石刻文记载其事。全文如下：

"伏承本境有徐文昌等同弟徐文吉同舍桥面石一条，徐文胜同侄男徐子各喜舍伏它石一合，徐希文、徐得林、道实合众信善各施良财，重新建造。所冀现生之内获福咸臻，更冀各家户户生资业，所保人人福善长，千年永固，常安常乐。伏承三十二都金村保石匠作头金文胜造。时景泰二年岁次辛未孟夏五月日有十八日立。"

资料来源：永泰桥下碑文

永泰桥碑

费荣耗巨资筑乡间大道

费荣（1790—1860），字玉堂，号韵初，清代西山后埠人。

费荣系长洲学庠生，平生慷慨尚义，热心西山公益事业。工诗赋，精于医。著有《方脉医案》等。东宅河、后堡、镇夏等集市间因无大道可通，小路崎岖难行，费荣于嘉庆二十二年（1817）独资修建从鹿村（香花桥始）经崦边田直至马村大木桥（渡马桥）和从后堡直至镇夏的花岗石铺面高驳大路，筑缭碧亭、大木桥，并在后埠村中铺石板路，共费银一万三千多两。据传费荣"向饶于财，至是家渐中落，先生不介意，布衣蔬食处之泊如"，甚至家中连置办族人墓地都已无力。道光三年至咸丰六年（1823—1856），西山五遇水灾，费荣都首倡集资发粮，救活贫民无数。贝信三在《韵初费君传》中，称其"先生行，万口传"，"古所谓乡先生殁而可祭于社者，殆其人欤，先生于是不死矣"。并述费荣临终情形，"易箦之夕，远近闻者哭失声，谓乡里失一大善人"。费荣留有咸丰三年（1853）手书（诗稿一卷），逝于咸丰十年（1860）十二月，墓在辛村湾官帽圩。

资料来源：陆文灏等《陆费氏支谱》

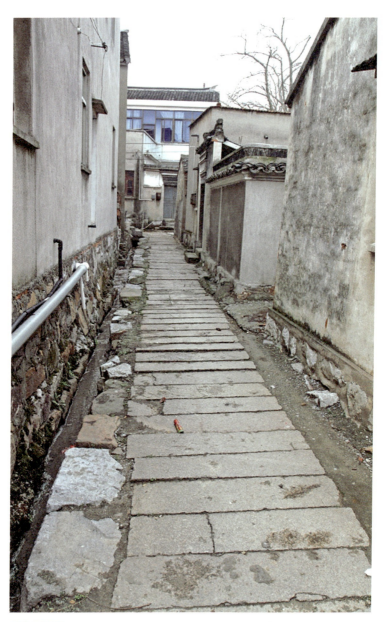

后埠石板路

徐纫芳、钱燮庭等捐修东村田路

在东村观音堂内,有一方碑记,记录着东村人募捐修筑田路的义行。全文如下:

东园一村僻居山北,自村而东之金铎,其间有田路二百余丈,为各村往来之要道,南则为田,北逼湖滩,当朔风之口,为波浪之所冲击。辛丑岁大水,其路泥汩于水而狭窄不平,石冲于浪而崩坍欲陷,行路之人兴嗟局蹐。族叔祖纫芳、族叔奕侯、晋荣有志欲修葺之,而里中谋生于乡者少,服贾于楚者多,适值钱君燮庭将自里来楚,因共商而通讯于余。间二年,遂偕钱君,集姻族之在楚者同劝捐输,众心踊跃,集腋成裘,共捐钱贰伯柒拾余千,估工计料,数有不敷,存运生息,又赖家乡捐钱贰拾余千。至己酉岁,复遭大水,其路之窄处逾窄,陷处逾陷,路断而不连,行人裹足而难前矣。旧时石岸之坍处仅高尺许,水稍大则浪灌于田而害禾矣。余闻此消息,遂告钱君燮庭曰:"闻君将束装,盍归以成此善举乎?"钱君归,商之里族,鸠工措料,择吉兴工,两月而告竣。余谓此路之修,化险径而为康庄,俾老者、幼者、肩挑者皆占履道坦坦之吉,而无倾跌之虞。路南田亩大半为吾族祠墓之祭田,岸高于旧,可御水灾,获收稼穑之功,得备烝尝之费,一举而兼两善,其始由于诸君之倡义,其成则赖钱君及同志者捐助之功也。余寄籍楚南,每以祖先祠墓皆在故乡为念,今是路之修,祭田不废,享祀不忒,余亦有赖于是举,故书其事以志幸焉。

捐修东村田路记碑

东园徐忠撰，徐粲书。

督工：徐镜涵、徐向荣、徐觐侯、徐礼本、徐晋荣、徐在田、钱燮庭、钱贡廉、徐仲伦、徐丹邱、徐耀三。

合里公议：堤岸滩边所扞柳树，岁宜补种，不准砍伐，稍避风浪。如有不遵议，罚钱壹两充公。倘日后遇有坍塌之处，各保田头。嗣后永守成议。

计开销用数：

本里黄石，伍千八百廿六扛，壹伯拾玖四百三十三文。

金铎前堡，又壹千一百十七扛，贰拾千六百九十一文。

水作砌工，伍百十六工，柒拾贰千二百四十文。

帮砌小工，四百五十八工，伍拾一千二百九十六文。

挑泥小工，壹千二百十八工，壹百叁六千四百十六文。

办绳索铁竹器钱，叁拾叁千九百文。

书条工石钱，柒千陆百文。

挑泥荡工钱，肆千文。

各项杂用钱，拾玖千伍百七十四文。共实用足钱肆百柒拾三千四百三十文。

入楚各捐原本九文二钱，贰百柒拾三千四百三十文。

入曜堂手盘息除底串钱耗，实计足钱壹百四拾壹千三百五十文。

入本里捐足钱贰拾贰千文。

共计入捐足钱肆百叁拾六千七百八十文。

除入透用足钱,叁拾叁千叁百七十文,

其钱在徐氏宗祠公项支销讫。

岸上填路之泥在徐氏宗祠公地取用。

道光三十年(1850)岁次庚戌三月吉旦,合里全人公立。

计开捐项数:

沈礼耕堂,拾贰千文。

孙永宁堂,拾千文。

张焕璋,五千文。

仁和衣庄,五千文。

吴敦古堂,叁千文。

永昌缎号,叁千文。

同仁缎号,壹千七百文。

黄全三堂,壹千文。

德昌典,叁千文。

公裕店,壹千文。

春华斋,贰千文。

郑寄樵,叁千文。

杨开文,壹千五百文。

徐怡綵堂,拾壹千文。

徐纫芳,拾千文。

徐旦明,拾千文。

徐嘉谟,捌千文。

徐文轩,五千文。

徐奕侯、徐令名、徐令望、徐尔康，式拾五千文。

徐岱尌、徐恒吾、徐书森、徐露香、徐云贵，贰拾千文。

徐焕之，五千文。

徐懋和，五千文。

徐善长、徐豫堂、徐瑞昌、徐玉昆、徐绍能、徐大春，拾五千文。

徐耀昇，五千文。

徐受安，五千文。

徐日刚，四千文。

徐心余，四千文。

徐焕成，四千文。

徐秉和，叁千文。

徐琢成，叁千文。

徐维极，叁千文。

徐义瞻，式千三百卅文。

徐礼三，贰千文。

徐万育，贰千文。

徐辅臣，贰千文。

徐秉常，贰千文。

徐顺和堂，贰千文。

徐聘贤，贰千文。

徐奕堂、徐谨堂，五千文。

徐君彝，壹千文。

徐鸿章，壹千文。

徐锦亭，壹千文。

徐学周，壹千文。

徐尚农，壹千四百文。

徐鼎元，壹千文。

徐奉常，壹千文。

徐治邦，壹千文。

徐晋荣，壹千文。

徐愚峰，壹千文。

钱燮庭，拾千文。

钱景庭，壹千文。

钱道方，壹千文。

钱浩瞻，壹千文。

钱茂华，壹千文。

钱开基，壹千文。

钱宪章，壹千文。

钱时芳，壹千文。

钱德芳，壹千文。

钱荫庭，壹千文。

钱瑞和，壹千文。

薛云若，壹千文。

徐礼本，贰千文。

徐尊三，贰千文。

徐继诚，贰千五百文。

徐永达，贰千文。

徐鸣昌，贰千文。

徐道千，贰千文。

徐彩扬，贰千文。

徐焕若，贰千文。

徐履丰，贰千文。

徐星若，壹千文。

徐开周，壹千文。

徐礼传，壹千文。

徐恒九，壹千文。

徐运川，壹千文。

徐振卿，壹千文。

徐星楼，壹千文。

徐丹邱，壹千文。

徐圣泰，壹千文。

徐仲伦，壹千文。

徐明湘，壹千文。

徐耀叔，壹千文。

徐士怀，壹千文。

徐书勋，壹千文。

徐树田，壹千文。

徐凤岗，壹千文。

徐玉岗，壹千文。

徐志堂，壹千五伯文。

徐志才、徐品才，贰千文。

徐良材，壹千文。

徐楚白，壹千文。

徐觐侯，壹千文。

徐云峰，壹千文。

徐新发，五伯文。

徐谨夫，五伯文。

徐东涵，五伯文。

徐方成，五伯文。

徐曜南，五伯文。

徐安庆，五伯文。

共捐钱贰伯玖拾五千四伯叁拾文。

资料来源：东村观音堂碑文。费佳释文。

碑中数字含大写、异体、苏州码子，悉遵原貌。

水安桥

蒋承诏三兄弟义捐造永安桥

蒋承诏（生卒年不详）三兄弟，清代后堡村人。

永安桥（后堡桥）位于林屋村后堡北侧，南北向单孔石拱桥，始建年代无考，现桥为清乾隆四十五年（1780），由里人蒋家三兄弟承诏、承诰、承训为庆祝母亲沈氏八十大寿捐资重建。桥拱东侧有"永安桥"题刻，西侧有"后堡古渡"题刻。昔年这里临近太湖，是登陆西山的主要渡口之一。桥西两侧有"锦浪曲洄三径秀，玉虹深锁七贤云"的对联，描绘了古桥周围秀丽的山水田园风光。桥南的小山，当年名为七贤山。桥东有清乾隆年间的建桥年月题刻，以及"本里蒋门沈氏命男承诏、承诰、承训重建"字样题刻。

永安桥体量较大，桥拱较高，桥下是后堡港，为昔年西山东部最主要的水上航道。如今桥面有部分被改建，仍是后堡村民从北侧进入村庄的主要人行和汽车通道。

资料来源：永安桥明柱题刻

金铎老太纺纱节食造积寿桥

西山北面有一个金铎村,村里有条小河弯弯曲曲通向太湖。在这条狭长的小河上,有几座小桥横架其上,其中有一座不起眼的小桥,仅由两块三米多长的条石铺成,桥的样子也不美观,平平直直横于河面,并无江南小桥的曲线美感,但就是这座普通的小桥,穿越历史,向人讲述了一个动人的故事。

积寿桥

清朝年间,村里住着一位无儿无女的孤老太,终日以纺纱为业,生活十分清贫。就是这位清贫的老人,节衣缩食了一辈子,用所有的积蓄铺设了这座黄石小桥。那么,老太为什么会出资造桥呢?原来,村里的小河上只有一块木板桥,由于年深日久,桥板腐烂而断裂,村人出行只能迂回绕行,出入十分不便。老人看到这一情况,心想:如果能架上一座石桥就可以一劳永逸了。可是,村里人生活都很困难,谁来出资造桥呢?于是,她拼命纺纱,加倍节俭。过了两年,终于凑足了钱,实现了造桥的心愿。桥架时,村人感激老太的恩德,在桥侧凿字,取名叫"积寿桥",希望积了功德的人能延年益寿。世事也巧,老太做了好事后,心情舒畅,果然活到了九十多岁,无疾而终。

　　修桥筑路,仗义行善,自古以来都是中华民族的传统美德。老人修桥的善举,感动着村里的一代又一代人,故事也就这样流传了下来。

资料来源:当地民间传说

费怀橘筑堤捐米惠乡人

费怀橘(生卒年不详),清代后埠人。他乐于助人,和睦乡邻,经商于湖南时,曾置办育婴堂,为知府所称赞,为其题词曰"春蔼"。西山新丰桥口,当太湖下流,在湖水长年累月冲击下,港口淤积,不利于船只进出。费怀橘乃出资筑堤挖泥,使船只进去通畅。并修正港湾,引太湖水贯通崦里万亩稻田。嘉庆甲戌年(1814),吴中大旱,他又慷慨捐助,买米赈灾。费怀橘的义举,为里人所称颂。

资料来源:陆文灏等《陆费氏支谱》

新丰桥

热心公益的吴阆仙

《洞庭明月湾吴氏世谱》书影

吴阆仙（生卒年不详），清道光年间明月湾人。因其热心公益，被乡人称道。族中有极贫苦而无生活依靠的人，每年都给予数十次的资助。遇到孤寡贫穷的人家，就加倍给予照顾。凡是遇到修路、造桥、济人的事情，他总是踊跃参与。遇到乡人生病，他总是买了丹药，送上门去，数十年来，救活了无数即将垂危的乡人。

凡是遇到洞庭客商住所需要修缮，他总是率先垫资，不计多少，只为公益。乡人求助于他，不论寒暑，也不论事情大小，他总是答应下来，并且妥善帮助。他热心帮助化解乡里之间的矛盾，能用钱解决的，他就自己出资，不计个人得失。

资料来自：吴文藻等《洞庭明月湾吴氏世谱》

东蔡蔡璞斋首倡义田

东里《蔡氏续捐义田记》云：东里蔡氏之有义田，始于璞斋。族之人沾其惠者德之，慕其义者称之。璞斋父子首倡捐义田400亩。其子孙书田、书云、书山、元瑞等10人深受祖辈影响，且以祖为荣，于嘉庆二十年（1815），续捐320亩。义田收成用于族人中的贫困家庭、（孤寡）老人、失学儿童、无力安葬者等。

资料来源：东里碑文

蔡氏续捐义田记碑（局部）

曹泰僖兄弟为母祝寿建南星桥

南星桥,位于甪里村南河头,建于清乾隆廿七年(1762),已经有两百多年的历史了。它全长约12米,宽约5米,是一座古老的拱形青石桥,桥面呈台阶形,两

南星桥

边各有15级台阶。桥顶面宽87厘米。桥面两端各有一块长87厘米、宽50厘米、厚22厘米的青石条，作为桥栏，显得十分气派。桥顶南侧桥栏地下有三个凸起的"石馒头"，分别镌刻着"南星桥"三字。桥堍东南的一块青石上刻着建桥年代和建桥人的姓名及简单的建桥原因："里人曹泰僖同弟扬、临、仪，为因喜逢母亲王氏八十寿诞捐资特建……曰南星，寓有深意焉。"这段话是说用里曹家

底有曹泰僖同他的弟弟曹泰扬、曹泰临、曹泰仪同是孝子，历年为母亲做寿的。其母王氏乐善好施，心地善良，看到来往行人过郑泾港要往返200多米，甚是不便，于是萌发了在此造桥的想法。虽说这份寿礼很大，儿子们却都乐意，于是捐资建起了这座桥，取名南星桥，南是这桥的方位，在郑泾港的最南端，星有寿星的意思。据说桥落成的当天，王氏在儿子、儿媳和众多晚辈的簇拥下来到桥顶，向众人挥手致意。

资料来源：李兆良

蔡秋荣捐资修筑金家岭山道

金家岭，位于甪里村。从村民周富根门口计算起，到岭顶，约有 400 米，路宽 1.8 米，路面用平整的小黄石铺成。这条山道，老一辈人清楚记得，是蔡秋荣修筑的。

蔡秋荣在民国年间是上海新亚铁工厂的老板，他在甪里买了房子，不过，他不在这里常住。

金家岭当时是进出甪里村的唯一要道，蜿蜒崎岖、泥泞狭窄，本来空身就很难走，如果带着小孩，肩挑东西，就更难走了。雨天出行就更难走了。

金家岭山道

蔡秋荣回乡看到这种情况，决定出资修筑这一山道，为来往甪里的行人造福。修筑金家岭，不但要出钱买地，还要买石料，付材料的运输费、人工费等，花费肯定不少，但到底花了多少钱，蔡秋荣并未宣扬。

此外，蔡秋荣还给当地的甪里小学捐献一架风琴、一个铜铃，还捐献了许多课桌椅。

金家岭还在，虽然这条石道已经不是人们进出主要通道了，但依然方便着上山劳作的村民。蔡秋荣的善举也深深地刻在人们的心里。

资料来源：李兆良

善人金善法

金善法(生卒年不详)，民国时期夏泾人。提起金善法，在上海滩是赫赫有名的。金善法事业成功，可是他不忘乡情，不忘乡亲。他介绍了好多乡亲去上海务工。不管是熟悉的，还是不熟悉的，只要找到他，他都尽力帮助。植里人李和宝失业，找到金善法，金善法待若上宾，关照厨房（他的厨房里有10个厨子）和下人照顾好李和宝每天的生活起居。直到李和宝找到工作。还有乡人金桂福，在金善法家里白吃白住半年多。

在家乡，乡里人有病有难，缺吃少穿的，金善法都慷慨资助。由于当时西山是个孤岛，百姓们进城看病难，金善法在砖桥头（现永丰桥）东翻建了自己家的几间屋子，开办了一爿药店。药店请了当地郎中（金和森的父亲）坐堂，工资由金善法给，金善法嘱咐：药店只记账，不管是谁，分文不取。药店缺货只管写信向他要。

金善法的乐善好施，夏泾老百姓记忆犹新。

资料来源：李兆良

邹兴林义造风雨亭

邹兴林(1926—2005),西山衙里村人。常年在外。1997年回家乡定居。

衙里与柯家村之间的山岭上,有一座残存的茶亭。茶亭建在路中央,南北宽约3米,东西长约8米,东西两面各有一个门框,没有门。屋面大部坍塌,在亭子里抬头可以望见蓝天白云。有几根椽子被藤蔓牵住倒垂着,好像随时会掉下来。这座茶亭是当地人为方便行人歇息和避雨捐款而建造的,有块石碑镌刻着捐款者的姓名和捐款数字。

风雨亭

20世纪90年代初,恰好赶上修路,年久失修的茶亭,连断壁残垣都没有了,那块石碑也不知去向。听村人说,当年有个回乡老人出资在新路旁边重建了一个茶亭。这样的善行义举现下已不多见了,于是,我(李兆良)就去了衙里村,想实地查看一下。

在衙里陈家头遇见凌建初,他告诉我,那个回乡老人名叫邹兴林,茶亭里有他自己写的红漆字,让我自己去看。

谢过建初,我推车上岭,骑车来到茶亭。亭子只有一个门,被铁栏杆拦住,荆棘柴草长满了门框,上半段门框被蜘蛛网挡着。我找来树枝拨开蜘蛛网,跨进门框,里面正北墙上有红漆大字写着"风雨亭",换行写着"一九九七年邹兴林重建"。为进一步了解情况,我再回到衙里村,仍旧找着建初,他说老人死了多年了,要知道具体情况,需要去问邹士荣,他是邹兴林的侄子。后来辗转才联系上了邹士荣。我说明来意,邹士荣很热情地介绍了邹兴林的一些情况。邹兴林16岁时外出,由于各种原因,没有回乡。几十年里总是思念家乡。他回家探亲后就住在大侄子邹士荣家里。他给街坊紧邻的老人们每人发了一百元,权作送些小礼品表表心意。这次探亲以后,他坚定了回家的决心,要叶落归根。于1997年在衙里定居。

邹兴林走路时看到那岭上破旧的亭子,决心要为乡亲们做点事情——重建茶亭。这个想法得到了邹士荣的大力支持。邹士荣捐献了处在老茶亭下方的一小块土地。邹兴林出资7 000多元,委托侄子邹士荣施工。邹士荣和邹才荣做大工,另外请了三个女人做小工。不久,一座崭新的小茶亭就屹立在路边。这座茶亭给干活时候突遇风雨的村民、途中突遇风雨的学生、行人提供了方便。竣工以后，邹士荣经常去新建的茶亭里打扫打扫。后来被公路护栏拦住门口了，就没人去打扫了，也鲜有人去那儿坐坐了。2005年，邹兴林仙逝了，但那亭还在，他的义举依然为人们啧啧称赞。

资料来源：李兆良

众人解囊捐资建太湖大桥

  1992年1月11日下午,在镇夏的政府礼堂隆重召开西山镇"我为大桥争贡献"动员大会,各村、厂矿、市镇单位、个体户代表、离退休干部代表、镇机关全体干部、驻西山有关单位等社会各界干部群众共700多人参加会议。西山镇镇长杨渭清宣读省计经委"关于建设太湖大桥项目建议书的批复",镇党委书记马德芳就建太湖大桥的意义、大桥的选址、大桥的建设规模及资金来源以及西山人民应持的积极态度做专题发言。石公中学全体600多名学生现场捐款649.4元,叶山村党支部书记徐解台代表全村党员和在校学生捐款1 085元,上海市总工会西山休养院、吴县西山水泥厂、金庭采石厂、

太湖大桥

农行西山办事处、西山电力站等8家单位的代表纷纷登台发言表态,并当场认捐建桥资金。西山镇政府设立了大桥筹资办公室。

省计经委批准建造大桥的消息传出后,吴县人民欢呼雀跃;当县委、县政府决定自力更生筹集巨资建桥后,太湖儿女踊跃捐款。一股"我为大桥争贡献"的热潮很快在吴中大地兴起,并波及海内外。担任苏州市领导的原吴县领导沈长全、管正、谢慧新以及县委、县人大、县政府、县政协的领导带头捐款,带动了百万吴县儿女人人出力,个个解囊。各机关、团体、企事业单位,家家怀着满腔热情,义不容辞地争着为大桥捐款。县大桥建设指挥部副总指挥蔡福泉(西山人)个人捐款1 000元。昆山中医院医生许佩华,曾在西山岛上当了10年医生,目睹了许多重危病人不能及时送出而造成的悲剧,听说建造大桥后激动万分,给大桥建设办公室寄来了一

封长信和1 000元捐款,信中写道:"我为西山人民高呼:共产党万岁!"盱眙县高桥乡万斛小学三年级学生尚炜炜(8岁),1992年1月23日给吴县县长、大桥建设总指挥秦兴元寄来了12.4元捐款和一封信,信中写道:"秦兴元大伯:我是盱眙县高桥乡万斛小学三年级学生,我在1月9日《新华日报》上看到吴县要在太湖上架设一条长虹,我想建桥一定要用好多好多钱,于是我把我平时的零花钱(12元4角钱)寄上表示我一点心愿,请收下。"尚炜炜是县外第一个为大桥捐款的个人。苏州市一中初三一位署名"一位即将毕业的共青团员"的同学,将自己收到的第一笔20元压岁钱作为捐款寄给了大桥建设办公室。西山中学一学生捐出了"吴县成才基金会"颁发给他的30元奖学金。县社会福利院的30多位残疾孤儿、老人也捐款100元;光福镇新香村个体户徐奎福为大桥捐款3 000元。港澳同胞秦兆龙、秦兆麟、秦兆发、秦兆馀、蔡智敏五兄弟捐款5万元。大桥建成,太湖大桥建设资金总计119 670 830.17元,其中,个人捐款10 886 761.22元,各企事业单位集资40 608 410元。

资料来源:《西山镇志》

第三辑

赈灾助人

王理善举不为官

王理（1414—1482），字宗文，明代圻村人。

王理家道殷实，其祖、父皆敦厚淳朴，称贤乡里。王理身材魁伟，有谋略，好读书，通晓经史子集。然其读书旨在知性明理，养豪放之气，不愿经科举入仕途。平时乐善好施，里人有急难相告必予济危解难。明成化壬寅年（1482），吴地灾荒，民不聊生，"公输千石以济"，民得以暂缓燃眉之急。按当时朝廷惯例，当授七品冠带以彰显善举，王理辞而不受，并感叹道"吾以幅巾布衣，老死山林足矣，何必一命之荣哉！"

王理卒于成化壬寅年，后以子贵追赠文林郎。

资料来源：王臣铟等《圻村王氏族谱》

王有贞赈灾修路

王有贞(1707—1763),字廷瑞,圩村人。其祖父子如、父惟义,皆以耆德重于乡里。廷瑞受家庭影响,为人端庄重德行,自幼入塾读书,天资颖悟,深得先生器重。及长,因才干出众,族中公事均委托他处置,但因久试不售,遂弃儒经商,往来于吴楚间,以货殖兴家。乾隆乙亥年(1755),吴中大饥,时有贞在长沙,得知家乡灾情,速运米数千石接济家乡,当时官方虽亦通檄各州县运粮救灾,但官船行速缓慢,饥民命悬旦夕,他紧急召集吴地商帮,将赈灾粮星夜兼程运往吴地,"众商踵接,帆樯猬集,民之乏食者得赖以苏"。经商致富后,廷瑞乐善好施,凡

《圩村王氏族谱》中收录的王有贞墓志铭

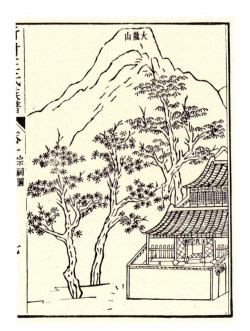

圻村王氏宗祠

里间有贫困者来告求,均慷慨施与,"无吝啬、无德色"。当时圻村所在的小龙山尚属离岛(西山的"六绝"之一),不连西山主岛。出村仅有二道可通,其中由东而北的主道因濒湖,常年遭风浪冲击,久不治理而倾陷坍塌数十丈,道之险隘已危及里人出行,为此,他捐资几千,又动员族内集资,组织族人"伐石鸠工,倾者以平,旧都以新,遂成康庄"。

乾隆癸未年(1763),有贞卒,享年五十六岁,为颂其德行,时任刑部侍郎吴岩专为其撰写墓志铭,传记其事。

资料来源:王臣铜等《圻村王氏族谱》

秦世锜赈灾助人

秦世锜（生卒年不详），清代秦家堡人。他乐于施善，帮助别人往往尽倾其囊。乾隆乙巳年（1785），秦世锜游湖南，恰逢当地受灾，民间缺粮。秦世锜看到后，十分伤心，马上出资买米捐助，一些慈善人士亦纷纷赞助，救助了当地不少贫困家庭。

浙江有一位姓黄的官员，很有政绩，因为公家的事，库存亏了四千余金。上峰要求他

《洞庭秦氏宗谱》书影

补清亏空，否则要追究其责任，判罪。秦世锜听说后，十分同情，认为这不是他贪污，而是为了公事所致。"吾奚忍坐视乎？"于是，替黄姓官员补清全部公款，使其避免了一场祸事。黄君非常感激他，后在历任官位上，为民办事，颇有声誉。

资料来源：秦敏树等《洞庭秦氏宗谱》

蔡世旋德服乡人

蔡世旋（生卒年不详），清代石公村人。他为人仗义，孝顺父母，尊敬长辈，光明磊落，为乡里人所敬服。族中或朋友中没有父母的孤儿，他资助抚养；族中无钱成亲者，他资助婚嫁；村里人碰到难事急需，他尽力而为给予帮助。若遇到对簿公堂之事，他秉公直言，对事不对人，以理服人。因此，三十多年来，乡里人见到他，坐着的人都会站立起来；嘻嘻哈哈的人，会停止笑声；妇孺见到他，亦皆肃然起敬。这并非因为怕他，而是敬佩他的为人。

资料来源：秦敏树等《洞庭秦氏宗谱》

黄仲康开港赈灾济乡人

黄仲康（1691—1763），清代秉常村人。

其父名道行，妣名马氏，生母金氏。生母恐惧雷响，每逢雷响，仲康即刻会守护于母亲身旁，一刻不离。夜间，睡于母亲床边，便于以手遮掩母亲的耳朵，这都习以为常。他每次离家或归来都会向母亲作揖请安。康熙五十七年（1718），母亲金氏病，他割左臂肉以疗之，却终不见效果。母亲辞世，他哀痛欲绝。除孝后说："家产有限，食指有增，何必恋恋乡井！"他便将家产托付于其兄，自己走荆襄，从事商贸，几十年后积蓄丰厚。他虽定居于外，但常挂念宗族及家乡的父老乡亲。年年祭祖，缺场所，他便捐出白金70两，命其子恒明、恒春建造宗祠，以告慰先灵。

镇夏水道原至下阳港（庙场原本至上街），湖湾水道弯曲不便。他出资开辟镇下直港，驳浜嘴，加阔通道，便于运输、交通，利国利民。至今仍为民众提供方便。

乾隆丙子（1756），三吴（苏州、常州、湖州）遭自然灾害闹大饥荒，仲康捐出粟米百石（1石为75千克），巡抚陈公高其义，赠以"惠周乡里"之额。消夏、镇夏路途泥泞，黄仲康雇人三修整之。他还施财育婴，把族人的事视若己事。

资料来源：黄文炽等《黄氏宗谱》

劳士英赈灾救里人

劳士英(生卒年不详),号崦坡。清代劳家桥人。

劳士英十分孝顺父母。他的父亲劳小泉病情严重,劳士英万分着急,听说人肉可以医治其父亲的病情,于是,毫不犹豫地割下自己手臂上的肉,放在药中一起煎煮,让父亲服用。

后来西山发生灾情,百姓无米可炊,生活十分困难。劳士英首先捐献米粮赈救乡里百姓,救活了好多人。老百姓万分感激。为了使邻近百姓生产救灾,他又想出了以工代赈的办法。在其住宅上故意建造豪宅,让附近的人都来做工,付给做工者米粮。"近村居民咸赖存活。"

资料来源:劳克柔等《洞庭劳氏支谱》

《洞庭劳氏支谱》中关于劳士英的记载

金弘毅率民抗湖匪

金弘毅（生卒年不详），字德可，宋末元初夏泾人。

弘毅性情刚直豪爽，才智过人。宋末元初，元兵攻宋，天下动荡，太湖盗匪猖獗，常常入侵西山民宅，危害百姓。金弘毅与其兄长弘业、弘威率领侄子荣一、荣三、荣四等，团结乡勇，组织邻边村落身强力壮的汉子，摇着小船日日夜夜地守护在家乡的太湖边。曾在太湖的险要处黄洋湾与湖匪激烈搏斗，击退湖匪。一个月后，湖匪又至。弘毅又在鲇鱼口力战，湖匪死伤无数，惊恐而退，弘毅的义举确保了一方百姓安居。金弘毅兄弟忠义保家的事迹被上报朝廷，皇帝诏赐弘毅为宣义郎，表彰其一门为"义门"。

《夏泾金氏宗谱》中关于金弘毅的记载

资料来源：金礼声等《夏泾金氏宗谱》

僧人瑞旭倾尽积蓄赈灾民

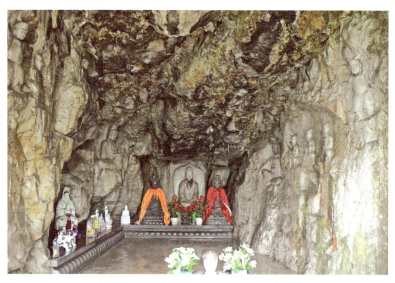

石佛寺观音洞

　　石佛寺僧瑞旭,精通医术,曾为姓费的病人治病,病人很快痊愈。费氏十分感激,拿了二十余金酬谢瑞旭。当年,西山患饥荒。瑞旭把他行医多年的酬金积蓄全部拿了出来,救济当地灾民百姓,得到他恩惠的达200余家。

资料来源:蔡鹤峰《见闻录》

徐尚益倾囊助同乡

徐尚益（生卒年不详），字元裕，号易堂，清代堂里人。他性情温厚，才智渊深。自幼廉静寡欲，淡泊名利，胸怀坦荡，处处为人着想。利世之事，则努力去做，唯恐不及他人。他曾说："人生天地间，无论在朝在野，皆当矜恤同群，吉恼同患，方无负天地生人之意。苟徒自私自利与鸟兽何异！"他经商于湘潭，奉事二亲，生尽其养。乾隆庚申（1740）湘潭学宫倾圮，有司募捐修葺，徐尚益闻之慷慨解囊捐银50余两。时邑宰苏畅华因公向徐尚益贷"白镪三百"。廉洁的苏畅华无力偿还。徐尚益对苏畅华非常钦佩，想以此相赠。但苏畅华坚决要偿还。徐尚益只得收下，但又把他捐献给了学宫。洞庭山人经商于楚往往有客死他乡的人，又无力归葬故里。徐尚益就在湘潭创置义冢，"俾其葬埋"。又买祭田百亩，以接济贫困之家。因此，洞庭山人无不慕其义而重其品。徐尚益死后，送葬哀悼他的人拥满了大街小巷，哭声震天。

资料来源：徐秉濂等《徐氏家乘外编》

金铖纳税抗倭助乡民

金铖(生卒年不详),字民威,明代夏泾人。他是明代太学生,品格端严,孝顺父母,友爱他人,深得乡里赞赏。嘉靖中,倭寇入侵我国,赋重徭繁,大户殷实人家日子尚可支持,但贫苦人家就难以生存了。那时,金铖年纪尚轻,看到这种情况,十分同情百姓。用家中有限的粮食代替当地百姓缴纳赋税,并与官吏交涉,使其不鱼肉百姓。对借出的粮食不催还,不写字条凭据。其时,太湖盗匪因倭寇入侵,乘机作乱,危害百姓。金铖就纠集乡勇日夜防御,并与沿太湖地区的村庄联合起来,严防湖匪侵扰,使西山百姓得以安稳度日。

资料来源:金礼声等《夏泾金氏宗谱》

暴式昭义捐继善堂

在西蔡里的西端演武山下，有堂室三进、总占地300余平方米的院落，里人称其为"留婴堂"。这里曾经是名闻西山的民间慈善组织。

留婴堂，初创于清乾隆年间。西蔡里，因望族蔡氏世代繁衍，已形成一个人丁兴旺的自然村落，然而其中亦有诸多的弱势群体。或为情势所迫，致使族中孤儿无所依傍。为此，蔡氏乡绅创办了留婴堂，以收养孤儿为主。

在随后的岁月里，西蔡里留婴堂以德行善举，闻名西山，也更名为继善堂，并发展成为西山的民间慈善机构。

清光绪十一年（1885），河南滑县人暴式昭来西山任太湖厅甪头司巡检。巡检一职是最小的官（从九品），薪俸很低，生活很清苦。但暴式昭坚守操行，为官清正廉明，"非其所得，概一文不值取"。当时西山地方有个陋习：地方上的商家每年都须向本地官员交纳保护费从求翼护。这一年，暴式昭初到任上，西山的三家典当商按例规向巡检"纳钱三百六十千"，面对这笔可观的"贡金"，暴式昭"操行艰苦，临财不苟"，他知道辖区内的西蔡里有个收养孤儿的继善堂，民间的善行更需要资金的扶持。为此，他将这笔钱全部捐给了继善堂，自己毫厘不取，廉吏的操行与善举在西山岛上传为佳话。

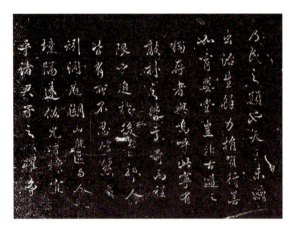

留婴堂记碑（局部）

留婴堂（继善堂）一直到民国时期仍从事着民间慈善活动，直到 20 世纪末，屋宇渐倾。近来，民间佛教信众在原地上重建院落，将其设为禅院。如今，每当开院参佛时，低沉的念佛声中，亦包含了一份对先人善举的肯定。

资料来源：蒋建法

陆钺发粟赈灾民

陆钺（生卒年不详），明代涵村人。他生性孝顺，为人仗义。明代景泰、天顺间（1450—1464），遇到灾荒，百姓身处饥饿之中。西山的百姓更加困难，无米可炊。陆钺就到淮西去买米，运回家乡，发给村里人，使乡人得以存活。山里有田，每年苦于干旱，他前往探究，看到旁边有一干了的水潭，曰："此天以资吾人也。"于是，寻到了泉水，出资开挖了水道，使若干亩田得到了供水。他素有心计，十分聪慧，因病而学医，"遂通轩岐之学"，"颇以医术利人，勇于为义"。陆钺死后，明代大学士王鏊为其撰写墓志铭，书法家祝枝山为其书写碑文，铭文对其给予了高度的评价："抗疏于朝，人曰孝子。平赋于乡，人曰义士。晚佚于山，人曰哲人……"

资料来源：王鏊《思静处士陆君墓志铭》

思静处士陆君墓志铭

法华寺慧峰医助贫苦人

慧峰，西山法华寺内的一代高僧，近代西山著名医师。民国总理李根源先生曾写过这样一副对联相赠："济世活人真佛性；超凡逸俗大道行。"李根源为什么如此推崇他呢？盖因慧峰法师不仅医道高超，更是人品极佳，深得百姓称赞。慧峰是个著名医师，又是法华寺的当家人，收入颇丰。但他死时，徒弟们发现完全没有积蓄。他的钱到哪里去了呢？原来，慧峰乐于助人，尤其是对贫困家庭的患者，他分文不取，还倒贴药钱。有一年，他一下子施舍了17口棺材给附近贫困的人家。对那些求医买药无钱者，则吩咐记账于他的名下。因此，西山百姓对他十分敬重，视其为救世菩萨。

慧峰品德高尚，对老师尊重有加。后埠费伯均是他的医术师傅。因而，凡坐轿出诊路过后埠，必下轿而过。无论是刮风下雨，还是身体欠安，都徒步而行。慧峰为人正直，具有崇高的民族气节。日军侵华，西山被日本兵占领，日军想请德高望重的慧峰担任维持会会长，慧峰痛恨日军侵华，岂能当汉奸！因此，他机智地说："只能为医，不会管人。且佛门中人，四大皆空，哪问俗事？"日军也无可奈何。

资料来源：丁慈舟等

秦允善捐粮赈里人

秦允善（1618—1678），字楚珍，秦氏洞庭支十九世孙，明末清初明月湾人。

据《洞庭秦氏宗谱》记载，明崇祯十四年（1641）四月，长江南北兵荒马乱，民不聊生，百姓饥寒交迫。秦允善时在湖南经商，为救济乡亲，他在洞庭湖平原采购了960多担大米，用船运回苏州，希望能以此帮助和赈济乡民，积公德，做好事。

当他的运粮船路过仪征时，市场米价行情已突飞猛涨，每石涨约四五金。官府的差役将运粮船队拦下。因当地官府粮饷紧缺，市场动荡，差官来到船上与秦允善协商借粮事宜。秦允善得知差官来意后，思考片刻，毅然做出决定：不用借，将船中960多担大米全部捐献官府，以解燃眉之急。虽说生意未做成，但以赈济灾民的大局为重，并恳求官府留一条自己坐的船和余下几十担大米，让其带回太湖西山岛，以救助西山的左邻右舍及亲朋好友。官差听后感觉在情理之中。如此，八九条运粮船开往官府，而他坐的那条船继续开往太湖西山岛。

当他的一条运粮船靠近太湖边明月湾码头时，村民们早已等候在此。他的家人得知情况后均表示理解并为之感动。尽管他这次回老家一分钱不赚，却做了件大好事。于是他将船上仅有的几十担大米，有的原价卖给了左邻右舍，有的送给了亲朋好友，还有的赈济了岛上贫穷的乡民。人

明月湾秦氏宗祠

人纷纷拍手叫好:"秦允善真的尽行善!"

此事因地方上奏秦允善捐米之善行义举,朝廷特授其为"抚标宣威将军"。秦氏后人称秦允善为"秦行善"。

资料来源:秦敏树等《洞庭秦氏宗谱》

秦用中建祠赈灾民

湾里秦家祠堂遗址

秦用中(1727—1795),字曰建,号道行,秦家堡人,太学生,自幼端肃,性仁孝,为坊间仁人孝子之典范。后弃举业经商,与时任户部郎中兼督理七省粮储的顾光旭为至交,常年往来吴楚间,经营稻粟,以货殖。

洞庭秦氏为山中望族,原族中宗祠已毁于元明之间。用中为族中公益,奋三十年之志,积二万金,重建八十余间的秦氏宗祠。

乾隆丙午年(1786),吴地饥荒,西山因地域之阻难以得到及时的赈救,急难之时,他捐粟助赈,救乡民于危难之中,其义举被传为美谈。地方大吏知其事后,议叙其为修职佐郎,后追赠为奉直大夫。

秦用中卒于乾隆乙卯(1795),享年68岁。

资料来源:秦敏树等《洞庭秦氏宗谱》

第四辑

忠义爱国

宋马廷瑞为民抗橘税执言上陈

马廷瑞(1150—1212),为后周平南将军马抗五世孙,居马城里(今马村)。他生性率真,不愿为官,"英果饶干,济才于民生利害",被西山百姓称为"巨人长德"。南京嘉泰年间,权相韩侂胄主谋伐金,战争引发国家财力亏空。于是想方设法,征收税赋。西山百姓,每年按规定缴纳的赋税已高于其他一些地方。浙江安抚使为了迎合韩相主意,向上面说:洞庭山橘柚名天下,税之可得数千金。西山百姓闻言非常惊恐,纷纷奔走上诉。马廷瑞也认为,西山的税赋已经很高了。田税已收,再收橘税,百姓就难以活命了。于是,为百姓据理力争,陈述理由,终于使得百姓免收橘税。

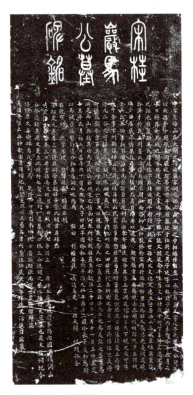

宋桂岩马公墓碑铭

资料来源:《宋桂岩马公墓碑铭》

罗本清济贼救人

罗本清,横山罗氏第 15 世祖。

本清出身豪门。"好古博雅廉静士也。"小时候就喜欢读书吟诗,孝顺父母。长大后广交朋友,经商于外。母亲病后,他急忙回家,日夜侍候,直至病愈再出。他为人宽容、慷慨、仗义。有一天夜里,家里进了个蟊贼。家人把小偷活捉了。一般情况下,会押送衙门报官,或把小偷痛打一顿。但他了解小偷为生活所逼,非但不责罚他,还给他钱财,说"使彼可悔心之萌也"。

有一次,浙江有个叫钱天禄的人,在扬子江里遇到大风,船只翻了,命在顷刻之间。此时,罗本清正好也行船于江上,发现后,不顾风浪大和自身的安危,马上吩咐船老大前去救助。钱天禄被救后,万分感激,事后拿了重金酬谢罗本清。但罗本清坚决不受,说正好碰巧遇见,不值得回报。"偶然尔,予岂望报哉!"

罗本清家住横山岛,港口船只常受风浪侵袭,十分危险。罗本清倡议修筑港口,带头捐款。"山居震泽,暴风坏舟,岁恒为患。乃倡资鸠工,捍石防避港浦。"使进出横山港口的船只得到了安全的保障。

罗本清因善行义举,被世人称为"佳士"。他去世后,贵州巡抚邵宝为其撰写了墓志铭。

资料来源:邵宝《明故简庵处士罗公墓表》

明故简庵处士罗公墓表

费孝子孝行获嘉庆帝褒奖

费孝子（1742—1808），名孝友，字仲行，号鲤泉，清代后埠人。

费孝友是知名儒商，以特别孝顺父母而闻名乡里。费孝友的父亲费松轩常年外出经商，费孝友留在家里照顾母亲。不料母亲患了白内障，看不清东西。当时医学不发达，当听说白内障可以用舌头舔好后，费孝友天天跪在床前，为母亲舔眼睛。当母亲身患严重痢疾时，他恐别人伺候不周，亲自为母亲擦洗身子、更换衣裤与被褥。母亲长期卧床，生痰难以吐出，费孝友不怕脏累，用芦苇管插入母亲的喉咙，再用自己的嘴把痰吸出来，足足吸出了一碗多积痰。在他的精心照料下，母亲渐渐恢复了健康。费松轩后来也因病回到老家。此时的费孝友白天管理田产和商店，晚上就和衣而卧，守在病床旁。父亲每次吃汤药，他总要亲自尝一尝，觉得温度差不多才给父亲喝。全家人都被孝友的

费孝子祠

> 费鲤泉孝子传
>
> 弟子费荣之从兄杰奉其先人行述一通乞传於余
> 余得交公晚然相契甚深故公行谊之笃知之颇详
> 公亦许余之不苟於谀入临没时属家人得李先生
> 一言为重余曷敢以不文辞公讳孝友字仲行一字
> 鲤泉先世本姓陆始祖讳通至五十五世讳元珏由
> 武林迁苏州吴县包山禹期峰是为山中侍郎支六
> 十六世祖讳景荣因姑适费讳浩无子立为後遂得
> 费姓故公在陆氏宗谱当七十五世在费氏支祠则

《陆费氏支谱》中关于费孝子的记载

孝心感动，子孙们也都十分尊敬老人。费孝友不仅孝顺，还十分注重兄弟之间的情谊。临终时，他吩咐儿子在自己死后要和兄长合葬在一起，妯娌之间也合葬在一起。费孝子墓现位于西山宝山公墓前的后埠费氏墓园内，保存完好。

嘉庆皇帝以孝治天下，征集天下孝事。费孝友的孝德被苏州知府上报朝廷。嘉庆二十四年（1819），下旨褒奖费家，亲赐"笃行淳备"题字，意即诚实厚道做到了家。

资料来源：陆文灏等《陆费氏支谱》

葛巨公不惜生命归友银子

葛巨公(生卒年不详),葛家坞人。其天性孝顺,为人慷慨仗义。有一次,有位朋友托他将一箱银子带回家中。途经太湖,突然风浪大作,船翻了。一箱银子和船上货物全部沉入湖中。葛巨公善水性,跌入湖中后,想到的不是自己的货物,也不是自己的生命安全,而是朋友托他带回家的银子。他顾不得自己的安危,一方面关照其他落水人员呼救,一方面潜入湖底,寻找沉入的箱子。经过一个多小时与风浪搏斗,在同船及救护人员的协助下,终于将银箱捞了起来,并如数将银子交给了朋友的家人。朋友与家人事后知道了,极为感动,要重谢他,但他笑着拒绝了。

资料来源:蔡鹤峰《见闻录》

暴式昭兴利除弊保古迹

暴式昭（1847—1895），字方子，河南滑县人。

光绪四年（1878），他以巡检指省江苏，补震泽县平望司巡检。巡检是清代文官体系中级别最低的官员，从九品，在现代，大概相当于派出所所长一类的职位。在吴江平望镇任职期间，暴式昭刻苦自厉，严守法纪律令，晚清大儒俞樾在《暴方子传》中说他凡"非其分所应得，一钱不取"，所以暴式昭一家人的生活一直都很清苦。他有心孝敬老母亲，但是常常是囊中羞涩，"不能具甘旨"以奉养，至于妻子、儿女就更不用说了。

在执行公务时，暴式昭始终秉公无私。当时的江苏巡抚立志要整肃社会风气，革除种种社会陋习，诸如赌博、嫖娼宿妓、吸食鸦片等。铲除这些社会毒瘤，利国利民，但势必会遭到一些既得利益者的反对。清末时期的赌场、妓院、鸦片烟馆，无不与官场有或多或少的利益瓜葛，甚至有些官员还充当了他们的保护伞。但是，暴式昭不仅自己平日从不以此为利，也不怕因办理这些案件而得罪有关人员，对上级的决定、制度坚决支持，"文到奉行，诸弊竟绝"。暴式昭的工作得到巡抚的嘉奖，巡抚向朝廷举荐暴式昭和其他几位勤政廉洁、刚直不阿的"贤守"，"诏军机处存记"。

就在此时，适逢其母亲去世，暴式昭只能去官丁忧。丁忧期满，暴式昭补官，出任吴县太湖厅甪头司巡检，"清操愈厉"。他曾公开对身边的人说："我母亲活着的时候，我都不会借口行孝而贪赃，始终坚持清正廉洁。现在我母亲不在了，我又有何理由为了妻儿的温饱去做不该做的事情呢？"他言之凿凿，而事实上也是这么做的。在西山岛上，他始终严于律己，自甘清贫，心系民生，兴利除弊，深受百姓的拥戴。

光绪十一年（1885），暴式昭刚到西山，就废除了一项长久以来的陋规。按照旧俗，西山镇上的三家典当行，每年必须要向巡检司缴纳三十八万钱，暴式昭废除了这一陋规，将典当行缴纳的钱款全部捐给岛上的慈善机构"继善堂"，以解决老百姓生产、生活困难。

接着，暴式昭又发布了禁止赌博的布告，随后将许虎姐等六名聚众赌博的主犯捉拿归案。次年三月，他又在西山岛上公布禁止吸食、贩卖鸦片的布告，将贩卖鸦片烟的首犯严达三抓捕归案，绳之以法，以此警戒村民，并明确告示所有的老百姓："凡吸鸦片烟者，不论男女老幼，三天内，携带烟具、剩余烟土，亲往禹王庙提名存记、缴物。逾期者、转移窝藏者，严惩不赦。"在暴式昭的严厉措施之下，西山岛上的社会风气大大好转。

在治事的闲暇时间，寻碑访古是暴式昭最大的爱好，西山岛上丰富的历史文化遗存也让暴式昭深感文化建设的重要。寻访中，但凡发现即将倾圮、废弃的先贤祠、墓，他都一一加以整修保护，今存于西山包山禅寺中的顺治"敬佛"碑等，都得益于暴式昭的保护。

西山老百姓称赞暴式昭为"好官"，但贪官污吏视他为眼中钉，时任苏州知府的魁文农是一个贪贿渎职的官吏，一直对暴式昭怀恨在心，找了个借口将暴式昭革职。

光绪十六年（1890）十一月，罢官后的暴式昭没有了薪水，再加上平日里清贫为官，微薄的薪水还时常用来接济老百姓，此时的他早已是"债累满身，一钱不存"，甚至"时届年终，无钱搬家"，更无钱回河南老家，只好暂时借住在西山。在隆冬时节，暴式昭一家炊烟无温，受尽了饥寒冻馁的折磨，西山岛上的老百姓"闻而感泣，相率日以米薪相饷"，以接济这位廉洁清正的好官，更是通过这种方式来表达他们对这位好官的感激之意。

　　对于百姓的这份深情，暴式昭始终铭记在心，他把每一笔人情都记录下来，后为西山沈敬学抄录，这就是我们今天看到的那份"送米账本"。暴式昭在给苏州府的禀文中也详细记载了此事："每村家家公集，遂蔓延至八十余村，为户约七八千家。……处处酿集，村村馈赠，肩挑盘载，踊跃争先。即极小村落若张家湾、中瑶等处，亦复载

林屋山民送米图

柴一船，致米数斗，更有老妇于公送外复投度岁诸物，亦有老翁持肉，童子担酒，庵尼负菜，禅僧携茶相饷者。……一月之中，共收米百四石八斗，柴约十倍于米，他若鱼肉鸡鸭、糕酒果蔬之类，不可纪数。"面对西山岛民的馈赠，暴式昭只收取了其中的几斗米、几块肉、几条鱼作为家人过冬过年之用，而把其余的柴米鱼肉等都分给了贫困的百姓，其中分给慈善机构"继善堂"的大米就有六十石，柴草多达数百担。

光绪十七年（1891）三月初六，暴式昭携家眷离开苏州，返回河南老家，西山岛上的百姓四五百人至码头跪送，暴式昭夫妇也泣不成声，依依不舍而去。离开时，暴式昭随身的物品仅有书籍数十卷、质券一束而已。

资料来源：詹一先《廉吏暴式昭》

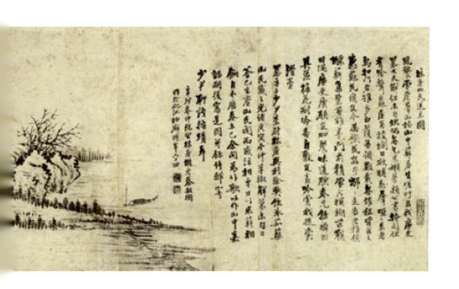

闻达和尚不畏艰险保护古籍

闻达（1906—1951），民国时包山寺住持，原籍江苏兴化。中学毕业后在兴化七灶太平院出家，后南来至苏州定慧寺，拜乾海和尚为师精修佛法，常与书法名家萧退庵探讨书法。闻达年轻好学，受到包山寺住持大休和尚的赏识并被收为弟子，后住持包山寺和苏州龙池庵。闻达精于书画，与苏州文人交往甚密，被尊称为闻达上人。抗战期间，苏州图书馆的四十多箱珍贵古籍移藏在包山寺满月阁内，闻达不畏艰险精心保护，受到了民国江苏省政府、省教育厅的嘉奖。闻达自幼爱好武术，常与同学黄广模一起切磋武功，能以指敲去瓦片一角而瓦不倒地。1950年，闻达离寺去无锡，不久病故，1951年由徒云谷运回葬在包山寺后。

江苏省立苏州图书馆成立于民国三年（1914），馆内藏书十万余册，其中不少是宋元明清善本，素为海内外学术界所称誉。对此，城外青旸地租界的日本人早已有谋夺之心。民国二十六年（1937）卢沟桥事变后抗战全面爆发，局势紧张，8月3日，馆长蒋吟秋召开馆务会议，决定将古籍善本及重要文卷，装箱移藏到安全地带。自8月4日起，从宋元明清刻本、抄本、稿本中选出精品，分装8箱，计360种。13日清晨，由徐湛秋等押运至东山鉴塘小学，并留人保管。9月4日，第二批25箱图书及文卷6箱由陈子清、夏文光等运至西山，藏于包山寺满月阁，并砌复壁隐障；9月28日，又将最后一批9箱图书及目录卡片运至包山寺。嗣后，蒋吟秋被迫避居上海；临走前，他任命徐湛秋为移藏洞庭东西山保管主任，并负责上海与乡下的联系工作；同时将自己当小学教员的妻子陈啸秋派到东山，协助照料，以稳定留守人员的情绪。此后不久，苏州沦陷，时局恶化，留守人员实在无法维持，各自回原籍。在这种情况下，东山藏书由鉴塘小学校长周知章负责，西山藏书由包山寺住持闻达上人负责。

西山为偏僻孤岛，包山寺又地处深坞，故沦陷期间日寇从未到过包山寺。闻达上人曾师从高僧太虚、大休，精于文墨诗画，对保存书籍富有经验，定期将复壁中的书籍通风日晒，故8年之中书籍无一出现受潮或霉变，可谓功德圆满。闻达上人又兼主苏州龙池庵，常以僧人身份往来于苏州及东西山间，为保护两地书籍想尽办法，百计维护；外出时由其徒云谷和尚守寺负责守护，毫不松懈。其间敌伪"清乡"，曾派出密探到处刺探藏书之所，幸西山当地群众严守秘密，无人泄漏消息。后日寇听人说藏书已由新四军转移到浙江长兴山里去了，遂作罢，藏书终得保全，安然无恙。

闻达像

抗战胜利后，蒋吟秋奉命回苏接收苏州图书馆。民国三十五年（1946）4月11日开始，将东西山藏了8年之久的珍贵图书文献，陆续分批运回苏州，至4月28日，全部运完。这是吴中文物之幸，闻达上人等护书有功人员，受到了民国江苏省政府、省教育厅的嘉奖，吴江金鹤望先生曾撰《完书记》一文详述其事，一时传为佳话。

资料来源：《西山镇志》

包山寺

甪里周氏后裔义植松树

甪里，为秦末汉初商山四皓之一的周术隐居地，传下周氏一脉。村落为两山夹峙。北面为金家岭，岭较高，常受到西北风的冲击。"草木坚瘦，髡然一顽山耳。"周氏后裔看到了，就号召大家义务种植松树250棵。经过数年的培植，山上渐渐郁郁葱葱，林木森然。他们为绿化家乡做出了贡献。

资料来源：《周氏义松之碑记》

周氏义松之碑记

葛以位镇夏设留婴堂

葛以位（生卒年不详），葛家坞人。

葛家家境殷实，葛以位为人慷慨。他为资助得不到赡养的老人，散尽了家财，好多地方都得到了他的施舍，但他从不要求回报。西山有些贫困家庭养不起女儿，常把刚生下来的女儿淹死；重男轻女的家庭亦如此。葛以位十分同情女婴，出资在镇夏设立留婴堂，抚养弃婴。其后，又撰文劝解这些弃婴家庭，使无数弃婴得到了生存保障。

《林屋民风》这样记载："葛以位，字允弘，为人慷慨，家累千金，尽其有以振人不赡，诸所尝施，终不责偿。先是，山中人多溺女，会郡有育婴堂，以位捐资设留婴堂于镇下里，复为文劝戒，人皆感化，全活子女无算。"

资料来源：王维德《林屋民风》

学校募捐声援"五卅"爱国运动

《求忠汇刊》中的募捐公函

　　1925年5月30日,沪案(五卅惨案)发生。西山各校均发起募捐,救济罢工工人。首先由汇里六校,组织救国团募捐队,步行全山沿途募捐。其次东蔡、镇夏,相继进行募捐。各校教职员亦亲自督阵。故虽酷暑当空,挥汗如雨,仍然按时出发。其余如甪里、堂里、慈里、东村、东宅河各校,均就地募捐。全山乡民虽处僻乡,亦乐为输将。东宅河乡民沈竹山,因募捐队已过,不及捐输,特取洋一元送往汇里六校募捐处。虽为数不多,然该乡民之爱国热忱,殊属可敬。而较之富绅不命一钱者,何啻霄壤!募捐结果,六校最多。各校捐款汇总后,当即汇交上海工商学联合会,请为转给罢工同胞。

资料来源:1925年8月1日《求忠汇刊》

费延珍捐款援抗战

费延珍（1874—1936），字镇庭，号怀芝，后埠人。费延珍父费郎山，是一位贫穷的官塾教师。费延珍十五岁即经东村远亲徐海珊介绍至湖北汉口著名茶商唐吉轩那里当学徒。由于长于写小楷和珠算，不几年就在汉口小有名气。后来徐海珊将他请回自己的春兴裕茶庄管理营业，并择为长婿，继承家业。费延珍由此发迹，成为一名在西山较有影响的民族实业家。在第一次世界大战时期，民族工业迅速发展，费延珍先后创办了湖北忠信昌茶厂、茶庄，制砖茶和老茶，并销往蒙古、苏联；创办了安徽芜湖骏丰明矾公司，生产机制明矾，主要供上海"闸北水电"应用；创办了汉口中国农商银行汉口分行，任行长。

1932年淞沪抗战时，费延珍坚持在苏州组织人员接待救护淞沪抗战伤员，并将在苏州富郎中巷的住所用作临时救护所，全力向社会各界筹集物资、捐款支援前线。费延珍是当时苏州红十字会（设在马医科巷申公祠）的创办人之一。在1931年武汉特大水灾中，他还是汉口主要救灾负责人之一，救灾中个人耗资过万元。在西山，他支持地方有志之士开垦荒山，将地无偿或低价租给贫困农户耕种，还出资在渡渚建造了一座石拱桥即新丰桥。

资料来源：陆文灏等《陆费氏支谱》

费延珍故居介福堂

徐雨亭妻张氏义捐墓地

张氏系世德堂徐雨亭之妻,于大清咸丰八年戊午(1858)将其五亩七分三厘四毫山地捐献族里,作为安葬坟地,也客寄外人棺材。若五年内没有棺材迁走,里人可为其就地安葬。此处遵古尚义,被人称为义冢。碑立于金铎岭西东村防火通道入口处右侧茶树与果树间。

资料来源:义冢碑文

义 冢

角里状元楼的传说

春晖堂门楼砖雕(局部)

角里古村流传着几个大同小异的行善报恩的故事,且与几个古堂相关。

郑事诚告诉我(李兆良),怡綵堂就是状元楼。传说明朝年间,有个浙江籍的秀才进京赶考,雇的船出事了,秀才不幸落水,奄奄一息之际,恰巧有郑姓人士把他救上船捎带到角里。经悉心调理,将息几天,秀才恢复体力,启程进京,后来便考中状元,当了大官。他为报答救命之恩,来角里南河头恩人家造起了怡綵堂,又名状元楼。那位恩人就是现在角里南河头郑茂衡、郑茂军的祖先。

蒋建平告诉我,他家老宅原来叫将军厅。其妻郑小英的祖先郑氏救了一个落难秀才,那秀才雇的船被大风刮到太湖滩上,船毁人幸存,只是缺吃少穿,无法进京。郑氏收留并接济他。秀才后来考中进士当了大官,也来此建房报恩。

我还听说,状元楼是现在角里的春晖堂。故事大致相同，只是那个大官盖房取的堂名不同，春晖堂取唐代孟郊"谁言寸草心，报得三春晖"之意。春晖堂堂主的后代就是现在甪里牌楼头郑云芳、郑红来等人。

两个"状元楼"、一个"将军厅"的来历，故事情节基本相同，哪家行善救了秀才已无从确证。应该说，甪里人的祖辈乐于行善积德，被救秀才懂得感恩报德，让后人看到了生活中的真善美。

资料来源：李兆良

遂志堂里的传说

堂里有一座遂志堂,堂屋主人姓徐,具体叫啥,已经不清楚了。他家世代经商,开过银匠店,家境富裕。清代雍正乡间,有个子孙叫徐湘屏的,做到了州府一级的官员,但他的官位不是经科举考试取得的,而是有位贝勒爷报恩推荐其为官的。

贝勒爷报什么恩呢?话还得从雍正朝刚刚开始的时候说起。当年雍正帝刚坐上皇位,朝廷动荡不安。混乱中有位贝勒爷乘船逃到了西山。因为是逃难,所以没带什么。船到了堂里,众人都走了。那位贝勒爷一时没有去处,只好去太湖边湖神庙内宿夜。到了半夜,寒风凛冽,贝勒爷在湖神庙的走廊里,冷得发抖,竟然哭了。有位路过的渔民见了,便告诉了徐湘屏的父亲,说湖神庙内有一个外地人,快要冻死了。其父亲是位文化人,心地善良,一听顿生怜悯之心。于是,急忙赶去,把他接回了家,好吃好待,一如至亲。贝勒爷万分感激,这一住,就住了四个月。雍正朝局基本稳定了,贝勒爷要回京了,告别时才亮明身份,说今后你有啥困难,去北京找我。那位徐姓的文化人救人时没想要回报,连说了几个"不打紧"。事后,也没有去京城内走动。那位贝勒爷呢,却一直牵挂于怀。到了乾隆朝初时,奏明乾隆帝,让他的儿子徐湘屏去吴淞口做了官。后来,徐湘屏的儿子、孙子又承袭了这个位置,直到道光年间。

资料来源:徐日春

遂志堂

第五辑

金庭新风

中国好人——唐米琴、邱以峰、姚哲源

2011年10月12日早晨7点30分左右,家住苏州市吴中区金庭镇东园一村的7岁儿童小浩浩从5楼阳台不幸坠落,仰面躺在底楼的水泥地上,嘴里、鼻子和耳朵里不停地向外冒血,生命垂危。危急时刻,小区里的居民、医院里的医生上演了一幕"爱心接力",创造了生命的奇迹,成功地挽救了一个幼小的生命。

在救护过程中,不得不提及3名发挥主要作用的好人:当小浩浩坠楼满是鲜血时,不但第一时间上前施救,还连忙联系医院组织医生准备抢救的,是住在同一单元3楼的邻居唐米琴阿姨;没有顾虑其他,迅速抱着浑身是血的小浩浩向小区门口跑去的,是在小区门口卖水果的摊主邱以峰;丝毫未考虑受伤的孩子会不会弄脏车子,只考虑尽快送孩子去医院的,是私家车主姚哲源。爱心的暖流在每一个人的身上不断流淌,最终汇聚成一股强大的社会暖流。

与死神赛跑的唐米琴

当时"砰"的一声闷响,引起了正在1楼屋内忙碌的女主人魏女士的注意。她推开通往院子的门一看,发现小浩浩已倒在血泊中。魏女士当即冲到屋外呼救:"有小孩从楼上掉下来了!快来人啊!"在1楼楼道里,她碰巧遇到了下楼的金庭地区人民医院的医生唐米琴。听到魏女士的呼救,唐米琴连忙跟着魏女士跑到后面的院子里。看着

唐米琴入选"中国好人榜"的荣誉证书

口鼻不断喷血的小浩浩躺在水泥地上，作为医生的唐米琴知道孩子的伤势非常严重，一旦口腔、鼻腔里的血块不能及时被清理，那将会十分危险，因为很容易因窒息而导致意外发生，需要尽快抢救。于是，她迅速拿出手机，与医院业务院长取得联系，让他尽快组织医生准备抢救。同时，她将仰面朝天的小浩浩翻了下身，让他变成侧躺。然后，迅速跑向楼道外寻求帮助。事后证明，这一看似细小的举动，成为整个抢救过程中非常重要的一个环节。

挺身而出的邱以峰和姚哲源

越早把孩子送到医院抢救，生还的希望就会更多。在关键的时刻，住同一小区的水果摊主邱以峰和私家车主姚哲源义不容辞地伸出了援手。

邱以峰是来自山东的憨厚汉子，在金庭镇做水果生意已经有二十多年了。12日那天早晨，他正好开着运货面包车回自己家里拿东西。当经过8幢单元楼前时，看到几个妇女急得都哭了，唐米琴上前一把拉住了他，称有孩子从楼上掉下来了，需要他帮忙。于是，他跟着唐米琴来到了院子里,在唐米琴的协助下,将小浩浩从地上抱起,两人快步走到了单元楼外面。

他们跑到附近的一辆私家车边上,向车主寻求帮助。这位车主就是在苏州优尔食品有限公司工作的姚哲源。那天早晨,他准备和同事去浙江出差,他先下了楼,在等同事时看到了这一幕,他立即打开车门,让满身是血的孩子上车。大家正准备出小区门时,救护车到了,于是他们又上了救护车。

当救护车的警报声在金庭地区人民医院响起时,原本尚未到上班时间的医生们早已做好了各种抢救的准备工作。虽然此时小浩浩的家人还没有到场,但医院还是开通了"绿色通道",迅速对小浩浩展开抢救;一方面,对其口腔、鼻腔里的血块、碎牙进行清理,确保他的呼吸循环恢复正常;另一方面,对小浩浩进行静脉补液,防止他出现失血性休克。此外,还对小浩浩骨折的手臂进行暂时的夹板固定。

小浩浩大概是在当天早上 7 点 30 分坠楼的,在众多热心人的帮助下,只有八九分钟时间,就被救护车送到了医院。到了医院后,医护人员便迅速展开抢救,一直到早上 8 点 20 分左右小浩浩被 120 救护车转院送走,所有环节都未出现任何耽误,就这样神奇地保住了小浩浩的生命。

资料来源:金庭镇党政办宣传科

江苏好人——谢子龙

谢子龙，秉常村罗汉圩人。1966年，他荣立一等战功，被原广州军区评为"麦贤德式硬骨头战士"。2018年，他被评为吴中好人、苏州好人。2021年，他获评江苏好人。

"一个有希望的民族不能没有英雄，一个有前途的国家不能没有先锋。"在不同时期、不同场合，习近平总书记反复强调，要铭记一切为中华民族和中国人民做出贡献的英雄。谢子龙就是一位在我们身边默不作声的英雄。

说起谢子龙，苏州西山人对他的第一印象是"西山养蜂人"，与大家一般认知上的"英雄"似乎相去甚远。他通过自己养蜂，结合蜂疗和针灸技术使得自己的身体得到很大的恢复，同时也帮助乡邻。他受伤在家休养的4年里，每年夏季他会开设义诊，那是他家最忙的时候，每天都有50多人来到他家，让他针灸治病，很多人得到疗愈，都对他心存感激，而他觉得这是他应该做的。

谢子龙身体稍稍康复，就去了西山石公乡上班，在此期间他把他的热心肠发挥得淋漓尽致。他常常骑着自行车，走遍乡镇的崎岖山路，支援"三无"对象和贫困家庭，还给邻里纠纷和家庭矛盾做调解。

从2009年起，援越抗美老兵聚会后，谢子龙知道了很多老兵的情况，他开始投入大量的时间用来帮助有困难的老兵。无论老兵住得多远，谢子龙都会前去看望。光福老兵陆仁龙，患上帕金森病后，不能走动，心情苦闷。谢子龙每个星期都要从自己住的西山山坳里乘车去他家，来回40千米路，转换3班公交车，来回4小时。谢子龙和陆仁龙促膝谈心，甚至给陆仁龙喂饭端水，给予陆仁龙无微不至的关怀。他还发动战友们一起去看望陆仁龙，并开始带领志愿者上门看望陆仁龙，这使得陆仁龙心里倍感温暖。奇迹终于出现，2020年10月，陆仁龙终于能够脱离轮椅站起来，还参加了关爱老兵之家组织的旅游。现在陆仁龙也成了一位老兵志愿者骨干，不断地帮助周围有困难的人群。战友们都说谢子龙把政府给的伤残津贴都用在战友们身上了。像这样心系战友、关心战友的事情还有很多。

谢子龙如此助人为乐，不知道的人以为他是个身体强健的老人。其实他是一个浑身伤痛、带病生存的特殊老人。谢子龙是个老兵，是一等功臣，在1966年的一场战斗中，他身负重伤，虽然活了下来，但身上还是留下300多处的伤口。现在体内还有不少弹片，其中头上12片，胸部5片，颈椎1片，腰椎1片，膀胱2片，腿上10多片。他的左肩膀被去掉一块骨头，右胳膊肘少了一大块肌肉，左胳膊肘被切去了一块骨头。这样的一位老人，应该是别人来照顾他，他却忽视自己的伤痛，一直给予别人无私的帮助。

谢子龙在1966年至1969年间，受邀去北京参加过四次国庆观礼，受到毛泽东、周恩来、聂荣臻等国家领导人的接见。2017年，谢子龙受邀参加全国军休功臣座谈会，还作为代表发了言。谢子龙为人低调，从来不向外人宣扬自己的功勋和荣誉，在周围人眼里，他还是那个"西山养蜂人"。

人们常说:哪有什么岁月静好,都是有人在默默负重前行。谢子龙,他是行医义诊、惠泽乡邻不求回报的医者,他是关注老兵、帮助战友、不忘初心的老兵,他更是精忠报国却从不张扬的英雄!

资料来源:金庭镇党政办宣传科

金融卫士——徐也

农行苏州西山储蓄所工作人员徐也和陆建文勇斗歹徒、保卫银行金库的英雄事迹，曾被《新华日报》在内的全国各大媒体广泛报道。

"那是1982年5月12日，我和陆建文值班，凌晨时分听到楼下有打斗的声音。当时第一反应就是'不好，有坏人抢劫'。一看，歹徒和陆建文扭打在一起。当时也顾不得害怕，拿起门旁的铁棒就朝歹徒打去。"徐也向记者讲起当时的情形，记忆犹新。

"后来陆建文受伤倒在了地上，歹徒就冲我过来。我的手被铁叉刺穿了，胸口也中了一刀，浑身是血。"徐也摊开左手，一条长长的疤痕清晰可见。"歹徒抓着我的头发朝墙上撞，想把我从二楼扔下去。我就紧紧揪住他，心想就是同归于尽也要抓住你。"

那场搏斗给徐也带来了英雄般的荣誉，也让她落下了一系列后遗症。"从那以后她经常头疼、胸口疼。特别是每年一到5月12日，她就睡不着，会不自觉地想起当年的情景。"但徐也仍坚持在一线工作，每周照样值班，直到1986年被调到苏州市区东大街储蓄所工作。

到了市区后，徐也陆续被选为吴县市人大代表、政协委员。因为觉得自己学历比较低，她在1988年主动申请进修，并进入苏州市委党校学习。毕业后不久，即调入中国人民银行苏州分行，在事后监督中心一直工作至今。"当

徐也获评1983年全国"三八"红旗手的证书

时真的是含泪离开农行的。我对自己说,换了新环境,一切从零开始,光辉历史就不再提了。"徐也把满满一袋子的荣誉证书藏到了衣柜最底下,几乎再也没有拿出来过。只是在1995年时,给上小学的儿子看了一下。

资料来源:2008年1月11日《新华日报》

西山首位遗体捐献者——诸茂荣

诸茂荣，1943年8月8日出生于西山秉汇村一个普通农民家庭，1962年7月毕业于苏州中医专科学校，而后下乡务农，1981年10月在西山地区人民医院防保科工作，先后担任初级防疫医师、中级防疫专管医师、科员、科长等职。

诸茂荣工作期间，勤恳踏实，积极主动，多次被各级评为先进工作者。1983年12月，被吴县人民政府评为先进个人；1985年12月，被石公乡人民政府评为先进工作者；1988年，被吴县卫生局评为食品检查员先进个人；2001年，被苏州市人事局、苏州市卫生局、苏州市人民政府血吸虫病地方病防治领导小组评为先进个人。

2008年4月，他病重期间，留下遗言，将自己的遗体捐献给苏州市红十字会。

资料来源：苏州市红十字会

献血达人——诸雄巍

诸雄巍，1977年1月29日，出生于西山秉汇村5组一个普通家庭。1997年1月29日生日那天结缘无偿献血至今。先后获苏州市无偿献血奉献金奖、全国无偿献血奉献金奖、全国无偿献血志愿服务五星级金奖。他协调好家庭、工作关系，利用个人空余时间，奔波于苏州各个献血点，面对更多前来献血的爱心人士，用自己献血的经历现身说法，为大家答疑解惑，消除献血者的紧张情绪。2011年诸雄巍采血留样登记，申请加入了造血干细胞捐献队伍，随时等待配型成功后的召唤。2012年他说服家人后，主动申请加入了遗体（器官）捐献者的队伍，成了一名"三捐"志愿者。2014年他报名加入苏州市无偿献血志愿者服务队，为前来的献血者提供专业周

诸雄巍获得全国无偿献血奉献奖金奖的荣誉证书

到的服务。由于有着多年的献血经历和扎实的献血知识储备，从2016年开始，他作为苏州市中心血站无偿献血宣讲团成员，多次受邀前往苏州科技大学、苏州大学进行宣讲，传递正能量。截止到2021年10月底，他累计参加无偿献血志愿服务达1 000小时（已达到国家五星级志愿者标准），捐献全血6 800毫升，成分血128个治疗量，点亮了162人的生命之光。

2019年，诸雄巍荣获"2018年度苏州最美志愿者"称号，被媒体誉为"献血达人"。

资料来源：2019年11月5日看苏州APP

附：

感恩遇见，邂逅美好

叮咚，叮咚。一阵悦耳的铃声响起。打开手机，一则短消息映入视线：诸先生，您于2020年9月4日所献的血液经血站检验，各项指标全部合格；谢谢您的爱心捐助，祝您身体健康，万事如意。

对于这则短消息，作为一名坚持多年参与无偿献血的固定人员来说，已经收到过多次，并且也已经习以为常了。但这一次似乎有点与众不同，从个人角度来说，那是我在无偿献血这条爱心征途上一个具有里程碑意义时刻，具有十分重要的纪念价值，因为那是我参与无偿献血的第一百次针刺，也是我和无偿献血的第一百次亲密接触。既是旧旅程的结束，又是新旅程的开始。无偿献血，梦圆百次，心中为当初定下的献血小目标达成而顿感兴奋和自豪。

稍稍平复一下自己激动的心情，从抽屉里翻出一张张无偿献血证和一本本全国、省、市颁发的获奖荣誉证书，那是记录着自己参与无偿献血，帮助他人，让生命延续的爱的轨迹见证。

尘封的记忆被再次触及，爱心路上的感动瞬间和所见所闻，至今历历在目。回想自己参与无偿献血的"首秀"，此情此景依然清晰：那是1997年1月29日，选择这天无偿献血，对于我来说很有纪念意义，因为这天既是我的出生日，也是我妈的受难日。想要去无偿献血的初衷其实很简单，就是想以一种特别的方式，来纪念一下这个特殊的日子，报答一下妈妈十月怀胎时的艰辛和分娩时的痛楚。

为了保证临床血液的安全，献血的检验流程如同运动员参加比赛般的苛刻，好像经过了比赛时的初赛、复赛后闯进决赛一样。经过了填表登记、体检、初筛等一系列环节后，当我最终坐在采血位置上时，在忐忑不安中，等待着我的第一次献血。医护人员一个会心的微笑，一句暖心的话语，立马赶走了之前的紧张和不安。在核对完信息，消毒穿刺部位后，针头刺破血管的一刹那，稍稍有点可以忍受的疼痛，一针见血的技术毫不夸张。看着带着自己体温的殷红鲜血，顺着导管慢慢地流入血袋，在拳头一张一握的几分钟，就完成了我的献血"首秀"。完成了一次可以挽救他人生命的奇妙之旅后，我感到有些不可思议。以这样一种特别的方式，不用舍生，只需要小小的勇气，同样也能救人性命。比起那些出生入死、深入火海的消防战士去救人时的英雄壮举，献血显得轻松和方便多了。

无偿献血，利国利民。无偿献血，从我做起。此刻，一颗结缘无偿献血的爱的种子，不经意间在心中萌芽、生长，随着时间流逝而逐渐开枝散叶，茁壮成长。至此我和无偿献血的不解情缘开始。血液是有温度的，是红色的，给人带去希望。血液是生命的源泉，是人与人之间传递真情的纽带和桥梁，每一份捐献的血液，都带着捐献者的美好和温暖，饱含着捐献者的希望和祝福。从你我的身体流出，又缓缓输入他人的血管里，延续生命，点燃重生的希望。"我不认识你，但我要谢谢你"是最好的表达。坚持参与无偿献血，带着第一次献血时愉悦的心情，分享他人，消除紧张情绪，积极宣传和普及无偿献血知识，用自己的实际行动和亲身经历，来影响和动员身边的同事、朋友、亲友一起加入无偿献血的行动中来。参与无偿献血，享受奉献爱心带来的乐趣，一起为这个社会的文明和进步，营造良好的无偿献血社会氛围，变成了我日常生活中的一个重要组成部分。

有一种缘分，叫血缘。

有一种情感，叫血浓于水。

有一种善举，叫无偿献血。

打仗要打有把握的仗，献血同样也要做好充足的准备，在心情舒畅的氛围里，在毫无压力的状态下参与无偿献血，对于初次的献血者来说，显得至关重要。我会把自己第一次参与献血的亲身经历和真实感受，以及多年积累的血液知识和献血前后的注意事项等，用轻松的话语分享给身边的同事、朋友，为他们消除疑虑，答疑解惑，缓解献血前紧张的心情。献血成功后也鼓励他们分享一下自己参与无偿献血的真实感受，并约定再次参与献血的日期，让 A、B、O、AB 这一个个冰冷的英文字母，带着献血者的体温和祝福，为病患捎去一份份生命重新绽放的希望。很多初次献血者听了我的分享后提前做好充足的准备，并成功献血后，给我发来反馈消息，这时一种特别的成就感油然而生。感恩遇见！

"捐献可以再生的血液，挽救不可重来的生命。"去各个献血点定期参与无偿献血，在不同的城市旅游出差时留下爱的印迹，去高校、社区、企业宣讲血液知识，参与无偿献血志愿服务，招募造血干细胞登记入库志愿者等，成了我这些年在爱心征途上的常态。此外，我还充分利用自己喜欢"爬格子"的优势，常在各类报刊、公众号、公益网站、微博等媒体,发布一些和无偿献血知识相关的推文,挖掘身边献血小伙伴的感人故事。把一个个发生在你我身边的鲜活的真实案例,用文字的形式记录下来,宣传和动员身边适龄的献血人群加入奉献爱心的大家庭来,让爱心凝聚,让大爱传递。

近日在京隆重举行的全国抗击新冠肺炎疫情表彰大会上,习总书记发表了重要讲话,鼓舞人心的是,讲话中还提到了无偿献血。在这场抗击新冠肺炎疫情的战争中,无偿献血一直默默发挥着重要的作用。受疫情影响,各地血液库存紧缺时,"共和国勋章"获得者钟南山院士呼吁全民"献出一份血,传递一份爱,温暖每颗心,请加入无偿献血行动中来",于是众多的无偿献血"蒙面大侠"撸起袖子,挽起臂腕,捐献热血,挽救生命。我也参与其中,其乐无穷。此外,令人感动的还有那些经过积极治疗的新冠肺炎康复者,在出院后勇敢地捐出了带有抗体的血浆,在救治新冠危重病人当中发挥了重要作用。正是这么多心中有大爱,为爱逆行的"蒙面大侠"的无私付出和默默奉献,发扬了伟大的抗疫精神,目前我国抗击新冠肺炎疫情取得了举世瞩目的阶段性战绩。

"一人捐献百次,不如百人献一次",两者之间有着本质的区别。前者是个人坚持的结果,后者是宣传动员的成果。宣传、影响和动员身边的适龄人群加入无偿献血的行动中来,营造一个良好的无偿献血社会氛围,打造"一花独秀不是春,百花齐放春满园"的新局面,人人参与,人人献血,人人动员,那该是一件多么和谐的事情啊!无偿献血只有起点,没有终点。在无私奉献的爱心征程上,我将学习和贯彻伟大的抗疫精神，继续上下而求索，不忘初心，尽己所能，为无偿献血公益事业继续摇旗呐喊。

无偿献血，感恩遇见，邂逅美好！

诸雄巍
2020 年 12 月 31 日

捐献造血干细胞的宋凯轩

宋凯轩，苏州太湖国家旅游度假区金庭镇东河社区人，出生于 1990 年 8 月，中共党员，现为苏州太湖国家旅游度假区太湖科技产业园管理局工作人员。2009 年，宋凯轩响应号召入伍，2014 年退伍归乡。他热心公益，自 2014 年以来，多次自愿参加无偿献血活动，累计献血 1400 毫升，2016 年 10 月，加入中华骨髓库，成为一名捐献造血干细胞志愿者。7 月 19 日，宋凯轩安排好家里和工作上的事务后，来到弘慈血液病医院，接受为期 5 天的动员剂注射，到 24 日早晨，打完最后一针后，宋凯轩将为配型相同的白血病患者捐献造血干细胞。宋凯轩将是吴中区第 9 例、苏州市第 143 例造血干细胞捐献者。同时，他也是苏州太湖国家旅游度假区机关干部中的第 1 例造血干细胞捐献者。

宋凯轩曾是一名武警战士，在部队，血型为 Rh 阴性血的老班长，曾经捐献造血干细胞救过别人的命。前辈是榜样，助人是荣光，这样一颗种子，就埋在了宋凯轩的心中。在部队，因为条件限制没能加入中华骨髓库，退伍后，宋凯轩立刻登记入库。造血干细胞是人体的造血组织，且具有很强的再生能力，要是在陌生人中找到配型成功的人，大约 10 万人中才能找到一个，有些罕见的分型找到相合的概率更低。机缘巧合，宋凯轩成了那几十万分之一。2021 年 3 月，宋凯轩突然接到吴中区红十字会的电话，工作人员告诉他,他的血样与郑州一名 17 岁的白血病患者的淋巴细胞抗原配型相合。他毫不犹豫,一口答应下来,捐献造血干细胞。

"刚听到这个消息时我感到特别惊讶,对这方面的信息不是很了解,还是有点担心的。"宋凯轩的父亲坦言。为消除顾虑,家人上网查询了造血干细胞移植的相关信息,并咨询医生朋友,在得知这并不会影响身体健康后,给予宋凯轩理解和支持。"他挽救的是一条年轻的生命,我们会全力支持他!"一开始担心宋凯轩健康而不同意捐献的母亲和妻子也答应了。就这样,家人成了他坚强的后盾。

4 月 10 日,进行了高分辨检测采样,他与患者的 HLA 配型完全相同。4 月下旬,造血干细胞库江苏省分库通知体检,宋凯轩刚好在休假外出旅游中,他赶紧结束假期,立刻赶赴苏大附一院接受全面体格检查,结果全部合格。因为患者情况不稳定,所以曾两次延迟手术计划。7 月 9 日,省分库第三次通知做好准备,定于 7 月 24 日采集。7 月 19 日下午,太湖科技产业园管理局举行了宋凯轩同志捐献造血干细胞欢送仪式,仪式结束后,吴中区红十字会领导陪同宋凯轩来到弘慈血液病医院办理相关手续。

"我自己是一位父亲,知道健康对一个家庭有多重要,很开心能帮忙,也希望这个未曾谋面的孩子康复后,未来的生活能够一帆风顺。"7 月 24 日上午,在历经 4 个小时的造血干细胞采集捐献后,宋凯轩顾不得自己的身体,微笑着向前来取走捐献样本的郑大附一院工作人员说,让他们转达对受捐者的祝福。

郑州、苏州两座相距 800 多千米的城市,此刻因爱而

宋凯轩获评2018年度"苏州好人"的荣誉证书

变得"零距离"。在捐献出225毫升造血干细胞悬液后，宋凯轩的这一"爱心旅程"暂时告一段落。当天下午4点，宋凯轩的造血干细胞登上"复兴号"，在京沪和郑徐两条高铁线上以平均每小时350千米的速度奔驰五个小时，在当晚10点钟左右送达郑州大学附属第一医院，随后被用于移植。

资料来源：金庭镇党政办宣传科

陆付林默默关怀战友父母四十载

俗话说,一个人做点好事并不难,难的是一辈子做好事。石公村退伍军人、老共产党员陆付林就是这样一个人,四十年如一日,默默无闻关爱照顾和孝敬牺牲战友的父母,给人温暖。

陆付林是苏州市吴中区金庭镇石公村仇巷人。1957年8月,他出生在大仇巷的一个农民家里,19岁响应国家号召应征入伍当兵,保家卫国。1976年3月,他来到原成都军区某部队成为一名光荣的警卫战士。当兵3年后的1979年2月,他参加了对越自卫反击战。当年与他同龄的苏州老乡沈文喜也一同训练,一上了战场。"我和战友沈文喜就是在那时候认识的。"陆付林回忆说,"虽然我们不在一个连,但是一起上战场的兄弟,心都系在一起的,比亲兄弟还亲。我们战友情深似海!"谁知苏州老乡沈文喜在战争中光荣牺牲了。陆付林含泪说:"沈文喜牺牲时就在我背后十多米的地方。我们虽然相处时间不长,但是一同奋战在枪林弹雨中的情谊让我永远无法忘怀。"

1980年1月,陆付林退伍返乡。过了元旦后他的第一件事情就是前往横泾寻找战友沈文喜的父母。那时候西山岛出行只能坐轮船,一天两班,过时不候。清晨他乘船出西山岛,到木渎再转汽车前往横泾,到达目的地时已接近中午。陆付林一个人在横泾镇上四处打听,终于辗转寻到了沈文喜家。当他看到战友沈文喜的父母时说出第一句话就是:"文喜牺牲了,以后我就是你们的儿子。"这句话成了陆付林一生的承诺。

四十年来,陆付林一直关心照顾两位老人,也代替沈文喜对他的一双弟妹照顾有加。逢年过节或是瓜果飘香的时节,他总是乘坐清晨的第一班轮船出岛,带着西山的花果土特产和太湖湖鲜去看望沈文喜的家人,同亲生儿子那样问寒问暖,陪两位老人拉拉家常。下午,他必须掐准时间点赶去坐唯一的、也是最后的一班轮船赶回西山,等他到家时已经天黑。对于沈文喜的父母来说,尽管还有两个孩子,但是见到长子的战友是另一种心灵的慰藉。

随着时代的发展,交通和通信开始便利起来,家家户户都通了电话。陆付林就常常与沈文喜的父母通电话,问问家里有没有什么需要帮忙的事情。尽管陆付林自己的生活也并不富裕,但他每年还是会去几次横泾,带上礼物看望他们。如今,他家儿子也有了轿车,来往横泾就更方便了。陆付林让自己的儿子开车带他去横泾,一起探望两位老人。看到陆付林的儿子,沈文喜的母亲真诚地对陆付林说:"你是我的亲儿子,你的儿子就是我的亲孙子。"2020年秋天,陆付林给沈文喜家送了自家种的板栗,让沈家父母和两个弟弟妹妹品尝。对于他们来说,这是超越血缘的亲情。

四十年来,陆付林坚守承诺却从未对任何人说起过这个事情。平日里,他是大家眼中勤恳朴实的农民,也是积极参加村里各类志愿服务的老党员。大家都不知道,眼前这位面庞黝黑、头发花白的农民曾经是一位浴血奋战的人,更不知道这么多年来他一直在默默关心、照顾着战友的家人。

四十年后的今天,烈士沈文喜家父母沈阿多、张小妹两位老人在家人陪同下,专程将一封感谢信送到了金庭镇人民政府。"陆付林同志的无私付出,悉心照顾,给了我们无限的温暖,让我们铭记在心,让我们深深感动!"这位四十年如一日,默默无闻关爱照顾和孝敬战友父母的老军人、老党员才让更多的人熟知。

2021年2月,退伍老兵陆付林荣获吴中区2020年度社会主义精神文明建设十佳新人称号。

资料来源:秦伟平

费凤图义捐图书

2002年,苏州建成中医药博物馆。常住苏州的西山小学退休教师费凤图闻讯后,回到西山老家,打开珍藏的箱子,毅然向博物馆捐上祖传珍贵的《伤寒来苏集》《古方选注》《医方集解》《古今名医方论》《妇婴至宝》等53部百余册中医古籍。

2008年8月31日,胥江街道和小红帽义工协会共同举办了"书香传情,爱心无限,共建孝德少儿爱心图书馆"的捐书活动。活动所募得的书籍将作为绵竹市孝德镇"少儿爱心图书馆"的藏书。83岁的费凤图从报纸上看到三香广场有这个活动,赶紧整理了一箱书,一大早就从吴中区碧波二村赶到活动现场。费凤图还细致地列了张书名目录,写了一封信给灾区的孩子们,鼓励他们好好读书,用知识重建美好家园。

资料来源:2008年9月2日《苏州日报》

黄跃军全家十七年侍母无怨无悔

在金庭镇秉常村有这样一位儿子，他叫黄跃军。黄跃军家庭的口碑在村上非常好，是人人称赞的孝德之家。黄跃军原在公交公司工作，后来一个偶然的机会，他加盟老姑苏面店。在东河新区开设了面馆，生意红红火火。在这样忙碌的日子里，黄跃军却不会忽略老年痴呆的恩娘。黄跃军的恩娘叫黄凤英，在2001年因反应迟钝到医院看病，被诊断出患有阿尔茨海默病，俗称"老年痴呆症"。全家多处想方设法找医生治疗，但是耗费了很多医疗费，跑了很多大医院，不管是西医还是中医都治疗无效。因行动不便，不能自理，全靠儿子黄跃军、丈夫黄鹤峰、女儿黄美玉里里外外悉心照顾，每天帮老人按摩、擦洗。全家人一照顾她就是十七年，直到黄凤英2017年去世。

黄鹤峰和他妻子都是普通农民，本本分分做人，踏踏实实做事。虽不富裕，但是膝下儿女双全，过着平凡幸福的日子。可是，等孩子们都成家立业该享福的时候，2001年，黄跃军的母亲黄凤英不幸诊断出老年痴呆症，刚开始得病的时候老人还能自己洗洗脸什么的，可一旦出去就不会自己回家了，有好几次自己出去了都不认得回家的路，家里人心急如焚，一直找到晚上10点钟才在其他村找到她。后来老人神志一天不如一天，连吃饭、行动、大小便都不会了，加上腿脚不便，每天要靠轮椅。虽然黄跃军和黄美玉工作繁忙，但是每天他们都坚持照顾母亲，这么多年不离不弃、无微不至地照顾她。无论春夏秋冬，他们都会轮流推着老人到外面走走，运动运动。搀扶着老人伸伸腿，展展胳膊，日复一日，年复一年，从未停止。

黄凤英大小便失禁，儿子女儿端屎端尿，无怨无悔

随着时间的推移，在2008年的4月，母亲病情加重，完全失去行动能力，轮椅也不能坐，常年卧床不起。每天都要给她洗脸、喂饭、喂药、接尿、擦洗身子、推拿按摩，隔三岔五还要给她揉肚子，用开塞露通便或抠大便。这些年家中的尿不湿都可以用卡车装了，黄跃军和黄美玉每天都那么地用心把屎把尿，每换一次尿片都要给她擦一次身，母亲躺着的卧室连异味都没有。

儿女做营养餐喂养黄凤英，真爱无边

由于他们母亲身体长期不能动弹，消化不好，不能吃米饭，一日三餐只能靠喝粥或面条维持生命。所以儿子、媳妇、女儿、女婿怕老人家整日喝粥吃面条营养不够，就把面条弄成两厘米长短和粥混在一起再加上肉末、虾仁、鸡蛋、猪肝、青菜等食物变着法地一起烧，然后用勺子喂给她吃。每次喂好饭后还要给她吃点水果。她吃的水果儿女们都是把它切成丁的。十七年如一日，从未间断，"只要母亲能吃，我们一定会想尽办法变着花样给她吃……"儿女们坚定诚恳地说。

黄凤英命悬一线，儿女真爱付出，奇迹出现

2012年9月，母亲由于长时间躺在床上，屁股上生

了碗大的褥疮，隐隐发黑的边缘，炎症正在强烈地侵蚀这个老人本已虚弱的身体。脸色愈加惨白，进食也近乎停滞，白细胞指数已经上升到前所未有的高度，所有的指标都在预示着这个老人的生命似乎已走向终点，但她的儿女们不死心，坚持恳求医生要尽一切努力给母亲治疗，说母亲年轻的时候吃尽千般苦，省吃俭用把我们拉扯大，等到日子过好了却得了这种病，希望医生能尽力治疗。终于创面被清理干净，老人也被抢救了过来。从此，黄鹤峰和儿女们每两个小时都要帮黄凤英翻一次身，每天要这样翻身十几次。功夫不负有心人，经过三个月的治疗和护理，褥疮治好了，老人的胃口也跟着好起来了，渐渐红润的面色宽慰着所有人的心，医生也惊讶这么大的褥疮竟然能痊愈，都说是真爱付出，奇迹出现。

有恩娘在，才是完整的家

黄鹤峰夫妻自结婚以来，很少争吵，感情一直很好。连续十七年，黄鹤峰悉心照顾无法自理的妻子，再苦再累从未放弃，无怨无悔。在他心中，妻子的生命已经和他的生命紧紧绑在一起。而他的行动也感染着他们的儿子、女儿。经过亲人们悉心照料，黄凤英奇迹般地渐渐康复，当别人问起他们为什么坚持照顾老人时，他们只是淡淡一笑回答："只要我们有力气挣钱，我们有能力照顾老人，我们就要尽心尽力照顾好她，因为这个家，有恩娘在，才完整。"黄跃军一家人的美德感动西山，获得村人交相称赞。2015 年 12

黄鹤峰家庭获评2015年度吴中区"最美家庭"的荣誉证书

月,黄鹤峰家庭荣获吴中区"最美家庭"荣誉称号,2016年1月,黄跃军荣获感动西山"孝德之星"荣誉称号,2017年3月,黄鹤峰家庭荣获金庭镇"最美家庭"荣誉称号。

资料来源:金庭镇妇联

徐明刚等慷慨解囊支援疫情防控

2020年，一场疫情改变了世界的生活，改变了人类的命运，亦反映出了人心的善恶。在疫情猖獗时，金庭人民在党委政府的号召组织下，团结一心，与疫情展开了坚决的斗争。许多个人与单位纷纷慷慨解囊，援助抗疫防控。以0.2万元人民币为起点，记录个人、单位如下。

个人：

徐明刚（20万元），奚建（5万元），李如荣、马辰、马磊、王俊杰（均为1万元），吴震（0.6万元），王晓昌、蔡寅峰、王渭春、王利民、蒋来兴（均为0.5万元），查夏林（0.3万元），黄月明、秦浩明、朱磊、黄春燕、孙建新、沈成寅、黄焕、沈小芳、蒋建康、沈琪健、许晨辉、黄永良（人均0.2万元）。沈群益、吴云丰、朱惠良、朱卫、沈群鸿、王祥义、段红强、吴建明、杨云峰、俞孝立、南湾望湖轩等（均为0.1万元）。

单位：

包山寺（1.7万元），实际寺（1.29万元），石公寺、观音寺（均为1万元），金庭基督教堂（0.3万元），水月寺、资庆寺、罗汉寺（均为0.2万元），明月寺（0.15万元），涵园（0.5万元），西山兆丰包装材料厂（0.5万元）。

其他还有如衙甪里王俊杰与33位同班同学捐款2.78万元。

资料来源：金庭镇党政办宣传科

附录：西山大族家训

一、郑氏家训

孝父母

父子相爱，天性之恩也。何至拂父母之意，冒不孝之名？且父母生我之身，则当尽此身，以事父母，不难割股卖身。况身所得为者哉！凡亲之所欲，无害于理者，曲意顺之，斯不为悖逆之士。

敬长上

三族虽有亲疏，实联一气。平居必当尊卑严分，毋以少凌长、强凌弱；婚丧庆吊均相扶助。主之以谦，达之以敬。凡有危难，协力排之。毋暗相蟊贼，自破藩篱。

和兄弟

兄弟一气所分，幼则相扶携，长则同师友。和好出于天性。至各妻其妻，各子其子，隔越之势既形，尔我之情遂起：或以财帛，或以产稍一厚薄，遂成争竞。小则阋墙，大则鸣宰，煮豆燃萁，自相鱼肉，良可痛悼。慎勿以己私而伤一本之亲。

慎继立

无嗣而继立，所以承宗祧也，可不慎哉？倘因一时之偏爱，越次继嗣，日后恐同室操戈，有伤族谊。若继立异姓之子，彼因年远，一旦去，宗仍废血食。凡不幸而无后者，须谨守斯言，立所应立，切毋以异姓乱宗，自贻伊戚。

修世谱

昔建宁子谓族人颖达曰：三世不修谱者，罪以十恶不孝论；间有首创欲修而众议缤纷不定者，罪亦如之。诚虑夫本支不合，故谆谆告诫如此，今子孙繁衍，无谱以记载之，莫辨其为族矣。是以君子敬宗达人，重谱必于世系，五年一修，十年一纂可也。

详世系

木之有本，水之有源，理固然也。是以通谱者贻讥后世，哭墓者见笑当年。纂修世系，不可援引，务以嫡派为宗。虽代数之不远，则名实有不诬，将来之续其有既乎？

谨书法

春秋二百四十二年，诸侯书卒者，十有五卿；大夫书卒者二三而已。圣人诚严之，诚慎之也。今之修谱者，皆曰生曰卒，斯不读书之过也。兹不蹈近辙，但书生于某年，殁于某年，若忠义著于朝廷、孝悌称于乡党、文章著于后世，则书卒以示褒。

重志铭

坟墓者，先人体魄所藏之地，子孙不可不知。故凡祖宗志铭，皆昔名公词翰，宜备录之，恐将来陵谷变更，终有据证。

葺祠宇

族人贵贱、贤、不肖，品质虽殊，传于祖宗则一。宜循古礼，建立祠堂，可以奉先，可以睦族。何世俗止计自完，于祠堂与替略弗加意，一何忍哉？务期合族输资，协力共谋，未建则图之，已建则理之。每逢朔望及常祭忌，必斋戒以临，庶可致如在之诚。

明祭祀

祠堂之制，礼止四代。高、曾、祖考，各以子姓附食，亲尽则祧；非嫡长不敢主祭，重宗子也。古者世禄此法，易行。今之士庶族共一祠，丁及千百，难泥古法。且我族仍寄迹他乡而为士、为商者恒多，若值春祀秋尝之期，应行主爵者，其如山川修阻，难于赴祭，今议值祭者主之。至于粢盛丰洁、肴酒馨香，此事死如事生，事亡如事存之意也。不可不慎。

重坟墓

先人丘垄，为子孙兴替之本。宜阜其封茔，茂其松柏，岁时祭扫，以省未备，勿使刍荛雉兔者窥其藩篱，每见华表斯植不再传而为禾黍者多矣，甚至越境派支，竟于本宗的穴杳然莫识，岂不痛悼！当于墓旁立石刻曰："某公之墓。"则世代虽远，石碑尚存，侵凌之患免矣。

立家业

家之兴废，系乎勤与惰、俭与奢、积善与积恶而已。唯勤则业能精，唯俭则事可成，唯善则庆有余。若或甘惰以自弃，循奢以自淫，稔恶以自殃，身且弗保，况于家乎？为子孙者宜诗书，耒耜无失其时，齑盐布素无厌其常。出入孝友，言行谨信，庶几不坠家声。

教子孙

教子必先导以孝悌忠信之言，律以揖逊进退之节，俾之就学，必择明师训之，清其字音，正其句读，严立课程，使知所向。为父母者，勿徇情爱护，以启游惰诳妄之习；有资质过人者乃可进之经史，否则驱之以农，以安其分，毋徒愒玩岁月，使之耕不能、读已晚、贾无资，斯则父兄之咎。

崇冠礼

考古冠礼，筮宾而戒，入庙而冠，服用三加，祝且再四，诚重之也。然仪文繁缛袍笏，非寒陋能遵。故程子曰："须用时服，可谓达理之变矣。"仪式悉遵文公家礼，与其苟苟而废礼，毋宁通变以存羊。

重婚姻

婚姻为人道之始，须择温良有家法及门第相敌礼者议之，不可妄攀富贵豪强，苟慕一时之利而娶之。彼挟其富贵，鲜不轻其夫、傲其姑者，异日追悔何及！今之贪鄙，将娶妇，先问资妆之厚薄；将嫁女，先问聘财之多少。是乃驵狯变婢鬻奴之法，岂得谓婚姻哉？议婚而及于财，勿与为婚可也。

重丧事

丧葬之礼，固所自尽。必诚必信。儒释道三教同源，延僧超度，视家有无。凡丧葬须斟酌，文公家礼，行之三日而殓，逾月而葬。毋循形家之说，久停其柩，至于终生不能葬其亲者，此又不可不慎。

恪忌祭

人之遇此日，须感怆哀思祭奠，宜茹斋衣素，不预晏，不闻乐，不出游。

完国课

有田则有赋役，古今通制。勿飞寄以避役，勿捽征以拖赋，迷心望赦，百无一二，急于二熟之际随田备赋，无愆其期；随赋应役，无慢其令。

毋荒学

子孙有才器知识不群者，深资夫其学问，以变化其气质。日就月将，穷经博史，纵弗克士进，不失为名教之士。苟逸游荒废败德逾闲，生无益于时，死无闻于后，徒为两间罪人。

勤农业

一夫不耕，或受之馁；一女不织，或受之寒。百家众技总不若此为要。须勤四体，分五谷，身不离畎亩间，勿惮劳，勿荒芜，何忧匮乏！若游手好闲，不事恒业，岂不有忝祖宗？

树桑麻

闲居隙地，必栽有用之物，如：桑柘可蚕，麻苎可绩，竹木可材，果实可味。则财恒足矣！若奇花异卉，虽天香国色，何益于用？古云："种树种桑麻，结交结君子。"宜铭座右。

毋构讼

事有不平则鸣，鸣之不得则争，争之不得则讼。或起于忿，或起于财。谚曰："图他一斗粟，失却半年粮。""争得一间屋，卖了两重堂。"何自苦乃尔！况争讼之害有三：荒业一也；败德二也；构怨三也。所以君子于横逆之来，视为妄人，待若禽兽，宁为我容人，不为人所容。

毋赌博

有害而无益者，莫如赌博。蒲樗骰掷差牌漫钱之戏，真足败常乱俗，甚至赀身无策，不为盗贼，则为饿殍。凡我子孙，士则务读，农则务耕，勿效愚人，为此恶技。邻里乡党有相周之义，凡贫乏不能存，死丧不能举者，必当随力赈之，勿冀有报。慎勿妄生嫌隙以启争衅。常见暗泄储水、踏人滩岸，以病其邻。人虽不知，天必殃之，可不戒哉？

严家范

妇人不得预家政，出纳财帛，与男子接语，致生淫僻。而牝鸡司晨，多致败亡。妯娌异姓相聚一门，计短较长，量财评势，益以长舌婢妇交斗其间，最多嫌怨。丈夫被其浸润，久而不察，骨肉为仇，盖女人奸佞善谗，往往借公义以行私愤，乘小隙以构深祸，虽智者亦难猝悟。故丈夫勿听妇人，不许说家事。凡我子姓，所宜恪遵。

别内外

男女有别，古礼然也。故道路有左右之戒，夜行有燃烛之训。男子自十五以上，不得辄至中门；女子自十五以上不得轻出中堂，不妄言笑，不亲授受，不得近金珠剃镊之工、尼媪六婆之类，及少妇女子烧香游晏，此风化所系，不可不慎。

安清贫

情欲无涯，而分有涯。声利难必，而德可必。天道恶盈，鬼神害盈，况横目之民哉！家世书生无百金之蓄，衣仅御寒，食仅充饥，草庐仅蔽风雨，仕宦仅免徭役，婢仆仅足使令。常守清贫，自有古风；近见世族宦家，旦夸门市，夕已张罗；昨侈轻肥，今成饿殍。何啻二三！皆由恃贵而不知贱，倚富而不知贫也。

戒童仆

童仆不过任使令，供洒扫，力稼穑。女仆则供纫缀，勤浣濯，事庖爨而已。当严以莅之，不可亲信。若因彼小心而轻听语言，必至弄权挟诈，召祸非轻。凡宗族婢仆，谮润是非、离间骨肉者，杖而逐之，无得轻信致败乃事。

慎祈祷

人有疾病，须慎起居以卫生。奈何谄渎鬼神，动辄祈祷，至死莫悔。信巫则渎，信医则诞。《传》曰："国将兴，听于民；将亡，听于神。"人身之疾病亦然。

慎交友

《易》曰："比之匪人，不亦伤乎？"可见凡人交游，当取端方正直之士，德业相助，过失相规，言动举止，奉为典型，自然有益。若匪僻邪傲之徒，牵引可虞，宜屏绝之。

二、劳氏家训

学以正心，诚意为本。

三、秦氏家训

孝顺、勤学、俭朴、和睦、慎言、慎行。

四、马氏家训

孝友大义。

五、蔡氏家训

谨慎、勤俭、宽厚、真诚。

六、黄氏家训

感祖宗，孝父母，敬尊长，友兄弟，正夫妇，慎婚姻，睦宗亲，择交友，尚耕读，务勤俭，戒争讼，禁赌博。

黄氏续修宗谱

七、陆氏家训

宽厚恭谨，兄弟有爱，勤俭起家，诗书不坠。

八、金氏家训

尊祖睦族，孝义勤朴。

九、沈氏家训

行端心正，孝友勤慎。

十、蒋氏家训

敦孝悌，宜家室，择婚姻，慎交友，虔祭祀，存厚道，勤耕读，守恭俭。

十一、王氏家训

为臣必忠，为子必孝，为兄必爱，为弟必敬，为妻必顺，毋徇私以伤和气，毋因私故以绝恩义，毋惹闲非以扰门庭，毋耽曲蘖以乱德性。

十二、徐氏家训

孝顺父母，协和兄弟，尊敬长上，亲睦宗族，训诲子孙（自幼以正养之，以义教之），各安本业，崇尚节俭、无作非为。

十三、凤氏家训

孝父母

父子相爱，天性之恩也。何至拂父母之意，冒不孝之名？目父母生我之身，则当尽此身以事父母，不难割股卖身，况身所得为者战？凡亲之所欲，无害于理者，曲意顺之，斯不为悖逆之士。

敬长上

三族虽有亲疏，实联一气。平居必当尊卑严分，毋以少凌长、强凌弱。婚丧庆吊均相扶助，主之以谦，达之以敬。凡有危难，协力排之。毋暗相蟊贼，自破藩篱。

和兄弟

兄弟一气所分，幼则相扶携，长则同师友，和好出于天性。至各妻其妻，各子其子，隔越之势既形，尔我之情遂起。或以财，或以产，稍一厚薄，遂成争竞，小则阋墙，大则鸣宰，煮豆燃萁，自相鱼肉，良可痛悼。慎勿以己私而伤一本之亲。

安清贫 情欲无涯而分有涯，声利难必而德可必。天道恶盈，鬼神害盈，况横目之民哉！家世书生无百金之蓄，衣仅御寒，食仅充饥，草庐仅蔽风雨，仕宦仅免系隶，婢仆仅足使令，常守清贫，自有古风。近见世族伍家，旦夸门市，夕已张罗，昨侈轻肥，今成饿殍，何啻二三，皆由恃贵而不知贱，倚富而不知贫也。

慎祷告

人有疾病，须求良医以投药，奈何诙渎鬼神，动辄祈祷。至死莫悔。信巫则渎，信佛则诞。《传》曰：国将兴，听于民；将亡，听于神。人身之疾病亦然。

周里党

邻里乡党，有相周之义。凡贫乏不能存，死丧不能举者，必当随力赈之，勿冀其报。慎勿妄生嫌隙，以启争衅。常见暗泄储水、踏人滩岸，以病其邻，人虽不知，天必殃之，可不戒哉！

资料来源：各氏族家谱

◎ 编后记

金庭镇历史文化研究会成立于 2020 年 10 月。成立研究会，宗旨很明确：以挖掘、传承、弘扬西山优秀传统文化为己任，为梳理西山文脉、发展地方经济、创设和谐社会、储藏文化资源、打造生态岛屿，做出应有的努力与贡献。研究会成员们认为，作为一个研究会，应该有自己的目标，朝着既定的方向有所研究，向兄弟单位学习，以出版"西山历史文化丛书"为抓手，每年出版一本书，将西山厚重的历史、自豪的人文、优美的生态、动人的故事、优质的物产等，向世人展示，与他人共享，以激励后学，回馈社会。于是，我们决定先出版一本弘扬正能量的书——《西山古今善行义举录》。

题目确定后，我们研究会的会员不辞辛劳，在西山名门望族家谱、《林屋民风》、遗存的古桥与古碑等中，寻找探究相关的事迹与故事。我们发现，西山数千年的人文历史积淀，真、善、美等中华民族的传统美德一直流淌在这座宝岛上，就像一条条清澈的溪水，涓涓而流，永不枯竭。这种美德，是西山和谐发展的主旋律，是人类社会最亮丽的主色板，亦是西山被外人所称淳朴、善良的最好注释。

我们发现,贤德之人,致富而不忘本;忠孝之人,谨记家训。他们想他人所想,急他人所急。心中有他人,心中有祖训,心中有国家民族。我们认为,一个家族延续百年的兴旺,是因为有深厚的传统文化的根脉;一个民族的生生不息,亦是如此。但愿我们这本书的整理出版,不仅是将先贤和当代西山好人们的光辉事迹展示给世人,更是让当今及后来者有所感悟,并将先贤的事迹奉为榜样与家训,成为教科书,传承并发扬光大。

西山是历史底蕴深厚的文化名镇,数千年来的善行义举,当今社会的孝行美德,何止本书所录?有些被湮灭了;有些还被藏在某个地方,我们没有发现。但历史终将不会忘记他们。由于时间仓促,也限于我们编辑人员的水平,遗漏之处,在所难免。敬请阅读此书者提出宝贵意见,以待后续完善。

本书在出版过程中,得到了金庭镇党委、政府的关心厚爱,得到了众多前辈的热情肯定,以及朋友们的大力支持与帮助。倪浩文、张强、李宝虎等提供了部分图片,借出版机会,一并表示衷心的感谢!特别鸣谢堵贤军先生、费佳和张军等老师的无私帮助!

编者
2021 年 8 月